中华先贤人物故事汇

邓子龙

张学谦 著

中华书局

图书在版编目（CIP）数据

邓子龙/张学谦著. —北京：中华书局，2022.11（2024.3 重印）
（中华先贤人物故事汇）
ISBN 978-7-101-15726-0

Ⅰ.邓… Ⅱ.张… Ⅲ.邓子龙（1531～1598）-生平事迹
Ⅳ.K825.2

中国版本图书馆 CIP 数据核字（2022）第 074823 号

书　　　名	邓子龙
著　　　者	张学谦
丛 书 名	中华先贤人物故事汇
责任编辑	徐卫东　董邦冠
责任印制	管　斌
出版发行	中华书局
	（北京市丰台区太平桥西里 38 号　100073）
	http://www.zhbc.com.cn
	E-mail:zhbc@zhbc.com.cn
印　　　刷	三河市宏达印刷有限公司
版　　　次	2022 年 11 月第 1 版
	2024 年 3 月第 2 次印刷
规　　　格	开本/787×1092 毫米　1/32
	印张 4¾　插页 2　字数 58 千字
印　　　数	3001-6000 册
国际书号	ISBN 978-7-101-15726-0
定　　　价	22.00 元

出 版 说 明

　　孔子周游列国，创立儒家学说；张骞出使西域，开辟丝绸之路；书圣王羲之，留下了曲水流觞的佳话；诗仙李白，写下了"举头望明月，低头思故乡"的名篇；王安石为纠正时弊，推行变法；李时珍广集博采，躬亲实践，编撰医药学名著《本草纲目》……

　　这些杰出的历史人物，有的是在中华民族文明进程中做出过突出贡献、对后世产生过巨大影响的思想家、政治家，有的是对中华优秀传统文化的传承传播发挥过重大作用的文学家、艺术家、科学家，有的是为国家安定统一、民族融合团结和中外文化交流做出过杰出贡献的军事家、外交家……他们为中华民族的繁荣发展做出了伟大的贡献，他们的行为事迹、风范品格为当世楷模，并垂范后世。

他们是中华民族的先贤人物。他们的思想、品德、事迹，是中华优秀传统文化的结晶；他们的故事，是对中华民族的禀赋、特点和气质最生动、最鲜活的阐释；他们的名字，在五千年中华文明史上最为光彩夺目；他们为五千年中华文明史书写了最为光辉灿烂的篇章。

为了解先贤，走近先贤，我们精心组织编写了这套《中华先贤人物故事汇》丛书，以翔实可靠的史料为依据，细腻动人的故事为载体，真实地呈现中华先贤人物的事迹、品格和精神风貌，彰显他们的贡献和功绩，激发人们对国家民族的热爱，对中华文明、中华优秀传统文化的崇敬。

开卷有益，期待这套丛书成为你的良师益友。

目　录

导 读

　　邓子龙，字武桥，别字卿云，号大千，别号虎冠道人，是明代嘉靖、隆庆、万历年间一位颇有盛名的武将。嘉靖十年（1531），他出生于江西省南昌府丰城县四坊长宁乡落星桥，早年以堪舆为生，二十八岁中武举，从此开始戎马生涯。

　　细数他的一生，可谓转战千里，军功赫赫。人生首战，樟树破贼，锋芒渐露。进而挥师南下，与福建、广东两地的官兵围剿倭寇，血战数场，最终使闽广沿海再无大患。闽广剿倭后，他返回江西铜鼓石一带设立守备，对长久盘踞在当地的土匪起到了极大的威慑作用。万历九年（1581），邓子龙奉命平定贵州五开叛乱，并顺势进驻云南，抵御缅甸进犯。驻滇期间，他屡出奇兵，并与刘綎两人分头并进，不但将缅甸军队逼回本国境内，还深入追击，几乎彻底解决西南边患。后因遭人弹劾，被朝廷召回，赋闲在家。万历二十六年（1598），他受命前往朝鲜抗倭，在顺天海面与日军展开大战。此一役中，他老当益壮，身先士卒，奋勇杀敌，最终英勇牺牲，享年六十八。

邓子龙战死后，朝鲜国王和万历皇帝都对他致哀。朝鲜还专门建立了邓子龙祠，以纪念他在海战中的英勇表现以及对朝鲜的贡献。可以说，邓子龙的戎马生涯荡气回肠，辉煌豪迈，并始终洋溢着赤诚的爱国之情。他是一位值得后人铭记的英雄。

少年壮志

"烧饼，刚出锅的烧饼来尝一尝！"一阵白腾腾的水汽豁然散开，卖烧饼的小哥儿一边揩着汗，一边看着集市上熙攘的人群，偶尔也向着打马而过的路人招招手，看看是否有买卖可做。虽然问津者到底还是少数，但看着集市比往日渐渐热闹，他脸上也流露着喜悦的神色。

此时正是嘉靖二十八年（1549）的暮秋，虽说明王朝最鼎盛的时候已过，但经由前代儒将王守仁先后几次平定叛乱，百姓生活也暂时稳定了下来。这不，在江西丰城县石滩乡的集市上，人流穿梭，车水马龙，竟也有了一点繁华的意思。

望着远去的行人，烧饼小哥颇不以为意，继续打理自己的摊子。不过，他似乎也注意到今天自己旁边的位置上来了一个从未见过的陌生面孔，而且好像还是个挺奇怪的人。说他奇怪，一来是因为他虽挂着"堪舆"的大字招牌，却从头到尾沉默不言，不给自己招揽生意；二来是此人非但不认真操持本行，还一直捧着本书，竟像个儒生一般。烧饼小哥又看了他几眼，只见此人身材魁梧，相貌堂堂，尤其一双眼眸炯炯有神，倒也不像是歹人，就套近乎说道："老乡，我见你读了一上午书了，肚子饿了吧，刚出炉的烧饼来上一个？"

那人闻声抬头，说道："自己带了干粮，多谢小哥儿美意了。"

"我这是刚出炉的，热乎，好吃，送你一个，不收钱的。"

"既然如此，那就恭敬不如从命了。"那人也不推辞，伸手取了一个烧饼，只两三口便吃了干净。

小哥见他性格直爽，忍不住问道："不知老乡哪里人，我在这石滩乡集市有些时候了，却没见过你。"

"我是你们邻乡落星桥邓家庄人，姓邓名子龙，表字武桥。前几日刚离家远游，以堪舆之业谋食。小哥儿没见过我原也应该。"

原来，这个烧饼小哥眼里的"怪人"就是邓子龙了。嘉靖二十八年（1549），邓子龙十九岁，尚未到弱冠之龄，但为了谋求生计并一展心中之志，他开始了四处游历漂泊的生活。烧饼小哥听他说话声音虽然豪放爽朗，用字造词却又带点文气，非寻常山野村夫之辈，不禁有点敬佩他。不过，他又好奇问道："老乡既是以堪舆为业，怎么却只顾着埋头看书，也不喊两嗓子招呼招呼生意？"

邓子龙笑道："这堪舆乃是方术小道，我操此业不过为了讨口饭吃。比较起来，刻苦读书，建功立业才是正途。所以向来不强求生意，只听凭有缘人上门罢了。"

烧饼小哥愈发肃然起敬，说："老乡的话我虽然不能全听明白，但却很有一些气概在里面，他日必为人上之人。"

"见笑了。"邓子龙话音刚落，便听得远处马蹄声哒哒，转瞬声音就落在自己耳边。只见一匹高

"老乡既是以堪舆为业，怎么却只顾着埋头看书，也不喊两嗓子招呼招呼生意？"

头骏马上有个家丁装扮的人开口问道："堪舆的，你看一次家宅风水如何费用？"

"小宅一两，大宅二两。"

"倒也公道。我家老爷要新建一处大宅，很看重地利风水，已请几位先生去过了，你也去看一下吧。"

"既已请多人看过，何故还要再找人花冤枉钱？"

"小子不懂事，我这是在给你介绍生意，却不识抬举！"家丁颇不高兴，接着说，"罢了罢了，往东走三十里，背山面水的大庄子就是了。去不去由你！"

邓子龙本不欲揽下这生意，因为若去看了之后说的与其他堪舆先生一样，那便是让雇主白白花了银子；若看后与其他人说的不同，保不齐会让同行难堪。不过他又转念一想，自己初出茅庐，若是借此机会和同行较量较量，试试自己的功力，也未尝不是一件好事。当下便辞别了烧饼小哥，背着行头向东行去。

江西地处南方，虽是秋日，却仍满眼绿意，触目一派清丽风物。邓子龙一路东行，过了几处田野河流，不知不觉间果见一处大宅坐落在青山碧水之中。轻叩朱门，正是先前集市上遇到的家丁前来相接。家丁故意刁难他道："怎么，你不是不来嘛？"

邓子龙大笑道："前时没想明白，既是你家老爷瞧得重，多看看原也应该的。"

少时到了正厅，便见一个冠服齐整的中年长者端坐其中。长者一瞧来人虽是个小子，但却神采奕奕，相貌堂堂，心里先已有了几分赏识，开口问道："你就是此番来看风水的先生么？"

邓子龙答道："有礼了。鄙人邓子龙，是来给员外看新宅风水的。"

员外说道："那事不宜迟，你便随我先登高俯眺，我将新宅拟建之处指与你看。"

二人一路行至大宅百米开外的一座山岗上，员外指着不远处一片空地说道："便是那里了。"

邓子龙顺势望去，依着坐北朝南之向，只见员外所指处低而不洼，前有河流流过，后有高山巍巍相依。出门左侧略有丘陵参差起伏，向右则一马平川，坦途荡荡。加之前后还有郁郁森森的树木点缀错落，在一般人眼里看来，怎么都是一个绝佳的风水宝地，但是邓子龙却并没有立刻就下了判断。他从祖上所学来的堪舆之术告诉他，要想知道一处是否真的有绝佳的地利风水，仅仅这样宏观而望是远远不够的，还必须细细考察周围的地形、土壤、水质、风向等才能得出正确的结论，尤其是不能放过细微末节。于是他回复员外道："请员外容许我在此附近细查一日，明日此时再做答复。"

员外说道："好，先前来的先生见了这番地势后都对这里的风水赞叹有加，你还是第一个提出要细细查看的人。我便等你一天时间又何妨？"

一日转瞬而过，邓子龙经过细密的勘察，最终得出一个结论：此处并不适合建立新宅。

员外对他的结论表示惊讶，邓子龙心中却自有分晓，说道："员外昨日所指之处乍看上去的确是风水绝佳。前有河水，背有靠山，有利人丁繁衍。再依着左青龙右白虎的方位，门外左高右平，青龙压过白虎，也是生财的地利。然而殊不知在背后那座山的腰眼处却有一湖。经我昨日查看，那湖底乃是沙质所堆，蓄水能力很弱，加之经年淤积，已成极大隐患。此地本来多雨，起宅处又低，一旦遇到数日倾盆大雨，那湖极有可能决堤，到时候洪水便会一倾而下，再好的宅子也要被卷入汪洋之中，再繁盛的人丁也很难平安无事呀。"

"那何故先前来的先生都说此为风水宝地？"员外皱了皱眉，显然对那一处地利仍抱着不舍之心。

"从风水上来说，那的确是个生财的好地方，那些堪舆先生说的也没错。只是我的堪舆之术是从家祖处传袭来的，重人而不重财。试想，若是人都保全不了，生再多的财又有什么用呢？所以在下的堪舆之道是以人的安居为最重，其他的都要次之了。"邓子龙坦然道。

员外听后茅塞顿开，笑着说："先生说得有理，若然人有什么意外，功名钱财又有何用？"当下吩咐左右置办酒席，要款待邓子龙。"先生帮了我的大忙，定要在此间吃杯酒水再走。"

邓子龙见员外热情，也不推脱，当下允了。

酒过三巡，大家兴致渐起。那员外本来就觉邓子龙仪表堂堂，堪舆之术又异于常人，大抵不是俗辈。席间又听他谈吐不凡，似略读过些书，就问他说："似先生这般见识匪浅又有些圣学功底的人，何故不去考取功名以展宏图，反倒以堪舆为生呢？"

不知是有了几分酒意还是员外正巧说中了邓子龙的心事，听了此话，他忽然有些激动地说道："老员外此话说得极是。我何尝不知道堪舆只是江湖方术，以此谋食苟活虽不成问题，但若想建功立业，报效家国，那是永远也不成的。不瞒老员外说，子龙一生所望，全在外平敌患，内息乱贼，还天下百姓一个安稳的生活呀。只是现在苦于没有机遇，所以才以堪舆为生，四方游荡，不知所向。"

员外被邓子龙的一番话感动，说："好，好一个外平敌患，内息乱贼！少年壮志，男子汉当有此抱负，我敬你一杯！"邓子龙亦不推辞，把盏将酒喝完。员外继续说道："我听说距此不远的安福县有一名儒叫做邹守益，你若存壮志凌云之心，未尝不可先至他处学些陆王之学，以备将来科考，大展宏图。"

邓子龙觉得员外之话十分在理。少年壮志之心固然要有，也需得脚踏实地打磨自己才行。这建功立业、报效家国之道，无非在一文一武之间。他向来有些膂力武功，但于这文路，尤其是理学的东西的确还欠些火候。次日他便拜谢辞身而去，向安福县出发。

安福县在武功山的东南麓。武功是江西境内一处极其磅礴的山脉群，始自宜春县，南到安福、莲花县，北至醴陵、茶陵，连绵四百多里，南北跨度近百里。群山环抱之下，峰峦叠嶂者高耸入云，碧水潆洄者九曲回环，着实造化神秀。又有诸多历史名人登临题咏，文脉鼎盛。邓子龙虽听说过此山云深浩渺，贸然进入极易陷入迷路无措的境地，但他年少气盛，还是只备下了三天的干粮，便趁着一股豪气踏入了武功山内。

景色的确不凡。刚入此山，便见一条奔腾不止的河水呼啸而下。澄澈的奔流拍击着布满青痕的岩石，雾时间如珠帘飞散，银光乍泄。俄尔入山更深，但觉万丈石梯如腾云而上，郁郁森森听树语，叠叠重重看山横。邓子龙一路饱餐武功的秀色，一面按着自己心中的东南方向行进。然而初出茅庐的他却并不知道深山里的可怕之处。到了第一天近夜，天空中开始淅淅沥沥地下起小雨，正当他诗兴大发，念着辛弃疾《西江月》"七八个星天外，两三点雨山前"时，忽然一阵浓雾四起，继之四周登时变得一片混白，几乎不可见物。邓子龙初生牛犊，仗着自己堪舆出身，对山川地理略有了解，竟在大雾里前行。可等到大雾消散，他却忽然傻了眼。原来这云深万壑的武功山并不像他想象的那么简单。本来他按着自己对东南方向的把握已有很大的迷路危险，此番又在大雾中前行，就更是不知道走到什么地方去了。之后一连数日，邓子龙似乎都只在一个山坳中来来回回，竟找不到一条攀登向上的道路。

好在除了他自备的干粮外，山中还有很多野果可以充饥，山泉水也清冽甘甜，可以饮用，但这样来来回回地绕路总不是个办法。到了第五天早上，就在邓子龙烦忧苦恼时，他忽然瞥见不远处有一白影掠过，从身形来看，大约也是个入山之人。他喜出望外，呼道："朋友慢走！"脚下也发力追去。岂料那白影不听他喊话倒好，一听之下反而加速疾行，竟像是有意刁难他一般。邓子龙见状，心里也荡起一股好胜之意，嘿嘿一笑，说道："倒有意思，咱们就来比划比划。"

二人你追我赶约有大半个时辰，那白影竟渐渐将邓子龙引到了一座山峰之上，继而慢慢停歇下来。邓子龙两日没有饱餐，体力稍有不支，慢了一分。待他追赶上来，定睛一看，这白影竟然是一个须眉皓然、仙风道骨的老者。不及他开口，那老者先笑着说："竟然能追着本道如此之久，想必也不是寻常庸众了。你是何人，怎么会在这武功山深处？"

邓子龙见这老者一连奔波大半个时辰竟然面不改色，已料定他绝非常人，说不定是山里的"神仙"，连忙一拜，说："小子邓子龙，以堪舆为业。此番到这武功山来是为了到东南安福县去找一个叫做邹守益的名儒学习理学，不想遇到大雾，在这山里迷了路，还望仙人指导一二。"

老者哈哈大笑道："你一个堪舆之人竟然在山里迷了路，可见你的堪舆知识实在是有些捉襟见肘。这样吧，你我相遇便是有缘，我现在传你几手更加精湛的堪舆之术，足够你日后在此业内扬名立万，可好？"

虽然遇到这等好事，但邓子龙却没有立时答应。老者见他左右不定，面露难色，问道："怎么，你不想学么？"

岂料他话音刚落，邓子龙忽然俯身拜下，诚恳地说道："并非弟子不愿学更加精深的堪舆之术。只是，即便如何深奥巧妙，堪舆到底是方术，谋口饭吃或许行得通，但若想建功立业，报效家国，总还是不成的。子龙一生所望，全在为国为家，替民解难。所以斗胆想请老仙人教我一些修齐治平之术，而不是堪舆。"

老者听他说得诚恳，也稍稍动容，说："好！年纪轻轻倒有几分志气，我便答应你了。要想成就大业，文武皆不可偏废。既然你先前说要到安福县找邹守益学习理学，那么文治我就不教你了，就传你几手拳经兵法这般武功之术吧。"

"多谢老仙人成全，弟子感激不尽。"邓子龙跪下行了一个拜师大礼。

老者说道："我是黄道人。你既拜我为师，又有志于成就大业，便要从此潜心修炼自己，他日一番成就，自不可限量。"

此后一连三天，邓子龙白日便同黄道人游历武功山诸峰，到了晚间，就在山洞里听他讲授各种兵法奥妙，学习拳法兵刃之术。至第四天，黄道人又携邓子龙向上攀爬。起初但见四周云遮雾障，水汽空濛。再走了一个时辰后，豁然开朗，二人竟不知何时已立于群山之巅。远处云海翻腾，极目可至东天之穷。偶有山尖穿云而出，便如同海中小岛，摇曳生姿。

"这里就是武功山的主峰太平峰了。"黄道人说道。

"这世上竟有如此美妙的风景。若不是师父指点，子龙可能这一生也看不到这般景色。"

黄道人语重心长地说道："其实做人与攀山是一样的。有时候费尽千辛万苦，看似只在原地徘徊，但实则已经为到达另一番洞天打下基础了。只需稍稍经人点拨，自是一番全然不同。你既然心存壮志，便要记住今日我说的话，日后无论在何种艰难的时候都不要泯灭了心中最初所想。"

"多谢师父教诲，子龙必当谨记。"

"顺此峰而下向东南百二十里便是安福县了，望你日后多多精进，在文武之间择一条明路，大展宏图吧。"

邓子龙听出了黄道人话里的分别之意，连忙说道："弟子还想与师父多游历几日，再多学些东西。"话未说完，却发现黄道人不知何时竟已飘然无踪。除了行囊里真真实实地多了黄道人所赠的兵法、拳经、阵图等书外，余下的事情简直就如羚羊挂角，无迹可寻。他回想起这几日的经历，恍然如梦。

不过他虽然遗憾，却不沮丧。回想起这几日的奇遇，再想想将要到邹守益门下学习文治理学，邓子龙心中的壮志再次腾然而起，便如这太平峰上的万丈灿阳一般，新生并且炽烈。

文武抉择

　　寒暑交替，时光荏苒。转瞬之间，距离邓子龙在武功山巧遇黄道人已过去六年，此时已是嘉靖三十四年（1555）的农历五月。自那日黄道人消失无踪之后，邓子龙便按照计划下了山，找到了安福县名儒邹守益，并拜师学习理学知识，以便应对当时的科举考试。不过他并不像寻常的儒生一样每日追随着老师读书论道，而是继续奉行自己"读万卷书，行万里路"的人生目标，在短暂地得到邹守益指点后，便开始重新游历四方，一边干着堪舆的老本行，一边研究陆王之学。几年中，他的足迹遍布赣中、赣西、赣南各处，见识了各地风土人情，文采武功也有了十足的长进。不过，纵然是踏踏实实地将自己从头到脚打磨了一番，但是在邓子龙心中，却始终有一个难以做出的决定，那就是到底应该从文还是从武？

说起来这的确是个难题。因为无论从文还是习武，想要报效家国，一展宏图，就必须得经过科举考试这一条路才行，否则便只能终生被视为江湖草莽，完全没有实现抱负的机会。俗话说"万般皆下品，惟有读书高"。十载寒窗，博得功名，一朝飞黄腾达，兼济天下，乃是所有读书人心中所愿，邓子龙又何尝没有这般心思？只是自己自拜入邹守益门下，潜心研读了几年儒家经典之后，他发觉自己无论是经世之策还是八股文章，在老师的诸多门生之中只能算是平平。纵然有时灵性一到也能作出几首像样的诗词，但科举考试却是不看重这些的，自己在修文这条路上到底能走多远，他心里着实没有底气。再说习武，在这条路上邓子龙倒颇有些信心。他天生就膂力惊人，后来又在武功山中遇到黄道人传授拳术，经过日夜勤练不辍后，拳脚身板也都硬朗了许多，甚至能一手提着一只两百斤的石狮子走上十数里路。不过，想要靠着武功得到功名，却并非像从文之路一样单纯。若然从文，只要中了科举，大小就会有个官职。但在武官的行当里，大部分的职位都是由各路将军们的子嗣世袭的，即便是中了武举人，想要得到一个正式的官位，也是相当困难的事。在文武之间做出抉择，这个难题一直困扰着邓子龙，直到月底他重新返回家乡丰城县时，仍没有做出决定。

回到丰城县后，邓子龙暂时寄宿在城东的白云寺里。因为这一年正是乡试之年，所以他准备再潜心钻研三个月的理学，好来应对八月即将举办的考试，先在从文的道路上尝试一把。这一日读书既毕，隔窗又见外头夕阳余晖浸染了半边天际，极是好看，邓子龙便决定外出走走散心。

走出寺外，才刚转到一处胡同，忽听左右脚步嘈杂，继而尘土飞扬，早有六七个地痞流氓状的人四面将他团团围住。只见他们个个手持棍棒，一看便是有备而来，应该是早就埋伏在此处等候的。邓子龙看着架势，心中已是明白了几分，却还是先问道："你们是什么人，如此阵仗，是要当街行凶么？"

为首的流氓狠狠向地上啐了一口，说道："不错，老子们今天就是要给你点颜色瞧瞧，让你以后再不敢胡说八道，抢旁人生意。"

　　邓子龙冷冷一笑，说："果然是那些堪舆的找你们来的。"原来，邓子龙这几年里游历四方，仍以堪舆为业。由于他的堪舆之法与常人不同，是摒除了那些神鬼玄学而代以地理水土之学，所以名声渐渐传开，竟成了江西一带的堪舆名人。也正因此，这几年来他不知不觉地抢了不少同行的生意，于是一些小肚鸡肠、愤恨不过的人便找来这些打手，想要狠狠地给他一个教训。邓子龙环顾了他们一眼，说："你们现在快些走开还来得及，不然一会人仰马翻，伤筋断骨，可休要怪我。"

　　"好小子，口气倒大，兄弟们，上！"一声令下，六七个流氓各自挥着棍棒向邓子龙奔来。

　　说时迟，那时快，只见邓子龙屏息凝神，瞅准机会，突然一个下潜抱摔，狠狠地将冲在最前面的流氓摁倒在地，继而侧身一跳闪过其他人的袭击。群贼见一击不中，重整旗鼓再来。邓子龙不慌不忙，忽然伸出双手，在混乱中牢牢抓住其中两个，继而大喝一声，身子后撤，将两个流氓一起拖向自己。他的臂力是连石狮子都能轻松提起的，这两个蟊贼如何经受得住？但闻两声惨叫，这两个流氓的腹部已结结实实地挨了邓子龙两记重拳，个把时辰内是很难爬起来了。

眼见瞬间就倒下了三个同伙，余下的四人不免都心惊胆寒。邓子龙心中暗暗得意，他虽素日苦练功夫，但其实并没有什么实操实练的机会。今日这一出手，犹如风卷残云般地收拾了三人，想来的确令人满意，不辜负数年来的苦修。他瞪着为首的流氓说道："如何，你还想再试试么？"

为首的流氓眼见身边三人都已没了上前之意，只能硬着头皮又冲过来。俗话说一鼓作气，再而衰，三而竭。流氓本身的功夫较之邓子龙已是判若云泥，现下又全然没了气势，哪里还有半分胜算？眼见邓子龙伸手一勾，出腿一带，这一勾一带之间，便把为首的流氓摔得四脚朝天，眼冒金星。余下三人见大势已去，便纷纷作鸟兽散，各自跑了。

"哈哈，好功夫！"正当邓子龙为自己轻轻松松收拾了一群流氓而自鸣得意的时候，胡同口忽然

他瞪着为首的流氓说：“如何，你还想再试试么？”

传来一阵喝采声。循声望去，只见说话人五十多岁，身材中等，着儒服，戴儒冠，神采奕奕，尤其一双眼睛中似乎藏着无穷的智慧。邓子龙此刻心中还有些意气激荡，便朗声问他："你又是何人？"

那中年男子笑着说道："先不要问我是何人，你可敢与我交手试试？"

邓子龙一听他的话带挑衅之意，只道他与流氓乃是一伙，登时便有些火气，说："又有何不敢！"挥拳向男子打去。

他这一拳何止千斤之力？眼见那中年男子并非体格壮硕之人，若挨上这一拳，恐怕要狠狠地受些伤。然而，就在邓子龙的铁拳将要触及男子面门的瞬间，他忽然眼前一花，那男子竟蓦地闪到了自己身后，只轻轻一推，邓子龙便觉有万钧之力从后背袭来，竟站立不住，扑倒在地上。所幸他体格健壮，因此并未受伤。

上来便先输了一手，尤其还是在自己颇为得意的武功较量上，这让邓子龙有些羞恼。他拍了拍身上的尘土，再一次抢身过去，直取中年男子两膝。中年男子见他双臂挥出，蕴含万钧之力，早知不可力敌，纵身轻轻跃起，想去拿他后背。不料邓子龙此番早有准备，这前一手乃是佯攻，待见中年男子跃起，他立时收招回身，想从半空中把中年男子拉下抱摔。可令他没想到的是，那中年男子身法极快，等自己回身想要抱摔时，那人早已到了自己身后，接着又轻轻一推，又让邓子龙打了几个趔趄。

到了此时，邓子龙才知道自己虽膂力远胜于此人，但论起闪转腾挪、格斗技法，和此人比起来还是有些差距，于是他朗声道："邓某技不如人，便听凭你处置罢了。士可杀不可辱。"

中年男子一听，哈哈大笑道："原来你是把我当成和他们一伙的了，难怪出手这样凶猛。误会了，我与那些要加害你的人并无关系。"

邓子龙也是一惊，问道："既不是他们一伙，那阁下是何人？何故要与我较量武艺？"

中年男子笑着说道："我叫罗洪先，刚从北边云游到此处，本来想借白云寺住宿一晚，巧遇你独斗群贼，一时技痒，这才想和你练练。"

"罗洪先？可是二十五岁就中了状元的罗先生？"邓子龙大惊。

"哦，原来老夫在外还是有些名声的嘛。"罗洪先将须笑道。

"实在是冒犯了。我向来仰慕先生得很，只是无缘得见，不想今日竟以这般情境与您相识。"邓子龙拜了一拜说道。

说起这罗洪先，的确是嘉靖年间一个了不起的人物。他二十五岁即中了状元，随即入朝为官。不过，后来他发现嘉靖皇帝朱厚熜迷信长生不老之术，无心朝政，渐渐也就心灰意冷。再加上他曾上书劝谏而遭皇帝呵斥，便彻底辞官云游。不过虽然他已成为一介布衣，但少年成名的故事和上书皇帝的气概还是为他在民间获得了好名声，因此知道他的人非常多。邓子龙崇拜地看着罗洪先，鼓起勇气道："不知先生能否收我为徒，只要能学到先生文武本领的九牛一毛，也足够一生受用了。"

罗洪先对邓子龙也颇为满意，说："我见你也是个胸有大志的好苗子，正有收你为徒的意思。现下正好，你我师徒便外出远游一阵，我就在路上传你些文武之道如何？"

邓子龙大喜过望，随即收拾行李，次日便同罗洪先外出游历了。

罗洪先此番游历是先从庐山开始，一路向西，经鄱阳湖而至洞庭，再向东北折至苏杭，最终南下到岭南罗浮山一带。就在师徒二人游历的路上，邓子龙向罗洪先提出了盘踞在自己心中很久的那个疑惑："老师，您看我的资质，是要走从文一路还是从武一路？"

此时二人正巧游于庐山之内。罗洪先听了他的疑问，驻足说道："从文还是习武，还要看你自己的性情。这样吧，你就对着庐山美景，吟一首诗来看看如何？"

"请容弟子思索几许，明日一早就交给老师过目。"

"作诗要即兴而发，你若兜兜转转前前后后想上一个整夜，那全部的心思都用在雕琢字句上了，还有什么意思？限你一个时辰写出来。"罗洪先有些严肃地说。

邓子龙被他说得有些窘迫，但既然老师已经发话，他也不好不听，便思来想去，终于在一个时辰内吟出一首：

天池缓步上崔巍，池上山僧半掩扉。

瀑下层崖鼙鼓急，雪封长径御碑微。

四仙吴楚为屏帐，五老江湖任是非。

且向乾坤撑一著，他年来此解征衣。

他刚吟诵完，罗洪先就和蔼笑着说："要从文还是习武，自己不是已经决定了吗？"

"这怎么说来？"邓子龙好奇问道。

罗洪先说道："你不妨先说说苏东坡是怎么来写庐山的？"

"横看成岭侧成峰，远近高低各不同。不识庐山真面目，只缘身在此山中。"邓子龙流利地把这首《题西林壁》背了出来。

罗洪先呵呵笑道："苏轼是千古第一文人，你瞧瞧文人笔下的庐山是什么样子的，而你笔下的庐山又是什么模样？崔巍、鼙鼓、屏帐、征衣。俗话说即心即景，若不是你有一颗大将军的心，哪里写得出这样的诗来？"

直到此时邓子龙方才豁然开朗。原来罗洪先让他一个时辰内作出诗来是想让他的真性情尽数流露，这样就能在字里行间看出他心中最原始的那一番性情，而不是把心思花在雕琢字句上，最初的性情从而被音韵格律之类收束，遮蔽不见。于是，邓子龙应该从文还是习武，便可以一目了然了。从此之后他师徒二人一路诗词唱和，邓子龙的行文风格也愈发豪迈健朗，逐渐流露出一个武将的气概。

光阴似箭，三年时间一晃而过，与罗洪先的游历也将要结束，二人准备不日返回丰城。路途之上，邓子龙忽然想起二人在广东时曾听罗洪先的朋友讲起一个故事，是说罗洪先早年和一众友人到过江西峡江县赣江边上的玉笥山游玩，当晚就宿在山下的明月祠中。是夜月明云淡，暖风旖旎，众人饮酒达旦、酣然而眠时，竟有好几人不约而同地梦吟着"百花亭上状元游"的诗句。当时大伙都以为是巧合，孰料次年罗洪先便高中了状元，于是玉笥山有神明托梦的故事就在这群文人之间传开。邓子龙虽经罗洪先指点，了解了自己的性情是更适合做一个武将而非文人，但心存好奇的他还是想要到玉笥山看看是否能有神仙托梦。他便在归途之中让罗洪先带他再去一次玉笥山。

罗洪先知道文武抉择对邓子龙来说是关乎一生的大事，欣然答应带他前往。师徒二人乘舟入江，不日来到玉笥山，便同当年一样夜宿明月祠。邓子龙先是颇为虔诚地供了香火，之后安然睡下。朦胧间，他果然看到一道微光降临下来，连忙上前拜道："小子丰城邓子龙，此生有志于建功立业。还请烦问仙人，我是该从文还是习武？"

那仙人说道："丰城邓子龙，待我打开天书瞧上一瞧。"说罢手里一团白光，果然一本书册现了出来。只见仙人翻了几页，兀自点了几下头，又喃喃说道："丰城邓子龙，丰城邓子龙……罢了罢了，天机不可泄露，你此生从文习武，还要看自己决断。吾去也。"

邓子龙眼见仙人没有说出什么结果便要离去，不禁心中着急，大声喊道："仙人慢走，且透露一二让小子知道吧。"

哪知仙人并不睬他，正要羽化而去。邓子龙连忙起身，想要看看天书上的文字。然而匆忙之间，只看见了"丘分"二字，仙人已经再无踪迹了。

此时正是五更天，邓子龙从梦中惊醒，连忙将在梦中记住的"丘分"二字写出。中国古代的书写习惯是自上而下，这"丘分"二字按当时的习惯写出，正像极了"兵刀"二字。邓子龙心中一震，看来自己此生真的是要以武为生，兵刀戎马，做一个将军了。

待罗洪先起床，邓子龙连忙将梦中神仙所示告诉了他。罗洪先当即欣然说道："你我师徒游历三年，无论从你行事风格还是资质品性考量，你的确是一个做将军的好苗子，神仙所示也是此意。当今天下积弱，其中一个很大的原因就是文官冗赘腐败而武将不足。像我这样的书生，即使到了状元的地步，又有何用呢？最后不过是江湖上的一个过客。像你这样的少年英雄，心存凌云壮志，又有一身文武修养的本领，正应当好好大展身手。你也看到了，先朝儒将王守仁虽然多次平定地方叛乱，但近年来沿海倭寇和内地山野之间的群盗又有抬头之势，现在朝廷正是用人用兵之际。你也无需过多犹豫，就踏踏实实地走你的武将之路吧。"

得到了仙人的指点和罗洪先的肯定，邓子龙终于在至关重要的文武抉择中做出了选择。他随后就参加了当年江西的武科乡试，并凭着过人的本领高中解元。待有了功名之后，他便自号"虎冠道人"，开启了轰轰烈烈的戎马人生。

樟树破贼

　　自邓子龙与罗洪先玉笥山一别，转瞬数月又过，时间来到了嘉靖三十七年（1558）十月。正值秋日，天朗气清，微风和畅，一片澄澈空灵，邓子龙立在家中后院，认认真真地将黄道人和罗洪先传授给他的拳术功法反复操练着。只见他拳风虎虎，力道所过之处，气势万钧，连周遭的植物也被他刚猛的动作震得左右摇曳。原来，就在这过去的几个月中，年仅二十八岁的邓子龙非但一举夺得江西武科乡试头名解元，还迎娶了丰城县汪员外家的千金汪孟秀为妻。所谓自古人生有四大喜事，他乡遇故知，久旱逢甘霖，洞房花烛夜，金榜题名时，邓子龙在短短时间内接连体验到两件人生至喜之事，无怪精神爽朗，激情昂扬。现在的他，正一门心思苦修武艺，只等着去参加明年四月在京举行的武科会试，进一步实现自己的人生抱负。

一套拳法操练完毕，正待喝口茶稍作歇息的工夫，只见妻子汪孟秀走过来。邓子龙问道："娘子有何要事？"

汪孟秀说道："听说是巡抚来了文书，有事找夫君呢。"

邓子龙疑惑道："哦？竟有此事。"便披了外套往正厅走去。一般来说，虽说是中了举人，但只要是没有向兵部递交文书，是不会有公事派下来的。邓子龙中举以后，想的只是怎么在会试中再拔头筹，一鸣惊人，所以暂时并没有跟朝廷的任何机构有过来往，所以此番竟有巡抚的文书送来，的确在他意料之外。

到了正厅，见了公人，果然冠服齐整，确是巡抚衙门里来的不假。再接过公文一看，竟是让邓子龙从速到南昌接受军务的通知。虽然他与妻子才刚成亲不久，正是你侬我侬、如胶似漆的时候，但一来军务便是国家大事，二来此乃上级亲命指派的任务，由不得邓子龙自己。他当即收拾行囊，次日便乘舟向南昌进发。临别前他与汪孟秀依依话别，铁汉柔情，溢于言表。

船行迅速，当夜便抵达南昌。第二日一早，邓子龙就来到巡抚衙门拜见。巡抚也是头一次见到这位年纪轻轻的武举人，果然是魁梧硬朗，气概不凡，开口称赞道："邓解元，本官可是久仰你的大名了。据说你不光膂力惊人，骑射精准，就连武科考生都不擅长的策试，也是独具见解，对答如流呀。果然是英雄出少年。"

邓子龙谦虚地说道："巡抚大人过奖了，不知连夜召子龙前来，有何要务？"

巡抚说道："邓解元为人直爽，开口便问军机，实有大将之风。你有所不知，当今的天下是久逢乱时，目前尤甚。可以说是北有胡虏，南有倭寇，而各地又有匪贼占山为王，烧杀劫掠，无恶不作，整个大明朝都被搅得不得安生，据说连明年在京举办的武科会试也要取消啦。"

听到这个消息，邓子龙为之动容，但仍是沉默不语。巡抚继续说道："本抚知道邓解元少年英雄，只待明年武科会试再拔头筹，便可一步登天，入朝为官。无奈时局不利，这条路只怕是很难实现了。不过，英雄总不会少了用武之地，我已在南昌为你报备身份，兵部已经同意授你为旗官。相信以邓解元的文武韬略，不日即可立下赫赫战功，他时高升腾达，自不可限量。"

邓子龙虽对明年的武科会试取消略感沮丧，但正如巡抚所说，当今的大明朝的确内忧外患，处在风雨飘摇之中，对他来说，或许从一个地方武官做起，会更加符合他为国为民的大志，于是当即拜谢道："多谢大人赏识，邓子龙必定奋勇杀敌，身先士卒，以报巡抚大人知遇之恩。"

巡抚笑呵呵地说道："说起来，本抚这次急召你来，除了此事外，的确还有一件紧急的军务需要你办。"

邓子龙说道："大人但请直说。"

"据清江县来人急报，说是当地樟树镇最近盘踞着一伙盗贼，他们非但啸聚深山，以打家劫舍为生，甚至还敢与官兵起冲突。前些日子临江府组织民兵与之发生激斗，竟被击退，故而那知府只能向本巡抚求援。我思索再三，这才决定将你找来。一则你是新任武举，正缺一个大显身手的机会；二则本巡抚也想借此机会试试你的能力，若然不负所望，以后但凡有大战，就一律先推荐你去。"

邓子龙听后也是跃跃欲试，说道："多谢大人信任，邓某势必竭尽所能，从速破贼，不负大人所望。"

巡抚继续说道："这样，你先到临江府千户处领兵三百，之后即时启程奔赴樟树镇。你只管灭贼剿匪便是，一应后勤粮草，本巡抚自找人与你接应。"

邓子龙领命出发，但他却并没有按照巡抚的吩咐往临江府千户处领兵，而是孤身一人径直到了临江府知府那里。作为一个久居江西的本地人来说，他知道这些盘踞山林的盗贼大都是乌合之众，尤其是只为了混口饭吃而不得不落草为寇的人占了多数。想要平息他们，有时候强攻并非上策，那样反倒会引起不必要的伤亡。当下最关键的是先摸清樟树镇这伙盗贼的底细，看看他们真的是无恶不作的亡命之徒，还是迫于生计的平民，再对症下药，方是上上之计。

临江县知府因先前吃了几场败仗，现在真是如同惊弓之鸟一般，只要是听到樟树镇的贼寇就直哆嗦。他日夜盼着巡抚能派一个强有力的将军前来镇压，不料现下竟等来一个不到三十岁的年轻人，还是孤身前来，不带一兵一卒，登时便有些大失所望，只是碍于巡抚的面子，不好发作，因之冷冷地说："听闻旗官大人是奉巡抚之命前来剿贼的，怎的却连一个兵卒也不曾带来？莫非另有良策？"

邓子龙自然也听出了知府话里的不满之意，只是他对剿贼之事胸有成竹，所以并不在意这些，反倒侃侃而谈："知府大人勿急。俗话说，知己知彼，百战不殆。现下樟树镇盗贼的底细尚不甚明朗，贸然强攻，极可能会造成不必要的伤亡。在下的意见是不如先摸清那伙贼人的由来，再决定招抚或是剿灭，才是上上之策。"

"你的意思是，他们做贼还做出道理了？你还要招抚？"

"回知府大人，当今天下动荡不安，百姓流离失所者不计其数，其中难免有些本性良善者因腹中饥饿而一时失足为寇。若是不加探查问询就一律剿灭，于朝廷的兵力财力以及民生都非益事。请大人给我七天时间细查这伙贼寇的由来，届时我自有良策献上。"

那知府暗暗盘算："谅那伙盗贼七天之内也断然打不到本府这里。到时候他若没有对策，我就再上书巡抚大人，换一个有真才实学的人来，也不怕灭不了那群匪徒。"便允了邓子龙的请求。邓子龙一刻也不耽搁，立时雇了一艘小船，顺着江流而下，直取樟树镇。

樟树镇有数条河流交汇穿过，乃江西境内通衢之地，在未经盗贼骚扰时，是远近闻名的商业中心。现下因为时时受到劫掠，冷清了不少。邓子龙选择先来樟树镇，心中自然是有了盘算。只见他头戴高冠，身披华服，打扮成了一个商贾的模样，船头处再放上一个圆鼓鼓的包袱，明眼人一看便能猜出是外来的富豪。其实这一手是他的引蛇出洞之计。邓子龙算准自己若是打扮成一个有钱的客商，势必会极其惹眼，多半能引出盗贼前来劫掠。届时他只要一展神威，活捉几个回去盘问，那么盗贼的底细便能清清楚楚，明明白白了。

果然，他才刚登岸不久，便隐约注意到身边有三五个人开始窃窃私语，目光也半游离半刻意地看向这边。马上就要有鱼上钩，他心中暗自得意，脸上却不作任何变化，转身就往小巷子里走。复行十数步，只听一声"站住"，四周猛然窜出五六个壮汉。邓子龙四下环视了一番，从衣着上看，这几个人其实与普通百姓没有什么分别，平民落草为寇的可能性比较大。"怎么，你们就是樟树镇的贼寇么？"邓子龙镇定自若地说。

为首一人喝道："你既知道，又怎么敢来这片地界，不要命了吗？"

邓子龙嘿嘿一笑，说："我既知道此处有贼寇，却还敢来，你怎么不想想是为何？"

贼寇大惊："你……"却为时已晚。只见邓子龙早已一手一个将两名贼寇从腰间提起，左右分掷了出去。但闻"哎哟"几声，那二人早被摔得伤筋折骨，爬不起身。余下的几人见他神勇，转身就跑。邓子龙本来也无意把他们全数俘获，而且放几个回去，还能起到敲山震虎的作用，于是再一展身手，抓过了那个为首的贼寇，故意将剩下的二人放跑了。

现下邓子龙一共俘获了三名贼寇，也算是达到了自己的目的。那为首的贼寇啐了他一口，恶狠狠地说道："原来你是官家的人，算老子们瞎了眼，中了你的套了。要杀要剐由着你。"

"大人，饶命啊！我等本是附近村民，只因连年饥荒不得不落草。我们虽然犯过劫掠之罪，却从未伤过人命，求大人明察。"却是另外两个贼人在讨饶。

"你等是否伤过人命，我之后自会查清。我只问三件事，第一，你们的寨子在哪里？第二，樟树镇的贼寇一共有多少人？第三，像你们这样从平民变成贼寇的，在其中又占几成？"

"回大人，咱们都集结在距此三十里的黄土岗上，寨子里一共只有五六十人，其中九成九都是像我们一样的人啊。您别看他嘴硬，他其实也同我们一样是农民出身，只不过脾气大了些，所以说话冲了一点。求大人也饶他一条性命吧。"两个贼寇指了指为首的那人说。

邓子龙又问那为首者："他们说的可是实情？"

为首者的话头这才稍稍软了些，说："若非经年饥荒，腹中饥饿，谁会去做贼呢。只要给我一片田地，税收再减免些，我立刻就不干这一行了。"

听了他的话，邓子龙心里暗喜，事情果然不出他的所料，樟树镇的盗贼乃是一群平民出身的草寇，这样一来要处理他们就简单多了，甚至不用费一兵一卒。在向四周打探到这些贼寇的确从来没有伤过百姓性命之后，邓子龙便将这三个人放了回去。

接下来的任务就是想出一条兵不血刃的制敌妙计了。虽说面对的是一群乌合之众，但若空手前去招安，肯定不会有人买账。无论怎么说，啸聚山林，打家劫舍，都比辛辛苦苦种田为生要舒服得多，所以必须要给他们一点厉害瞧瞧，先用威慑之法，再晓之以理，动之以情，最终才能达到预想的目的。

这一日正在军营中踱步想着计策，忽听一阵天崩地裂般的巨响，紧接着连周围的土地也震颤了几分，险些将邓子龙这样的壮汉震倒在地。出于一个武将的直觉，他觉得这声响动很不一般，便找来军士问道："方才那声巨响是怎么回事？"

军士答道："回旗官大人，方才是后山炮营的兄弟们正在试虎蹲炮。"

邓子龙惊诧道："虎蹲炮，你们竟有这种火器？"他素日除了练武之外，于各种文献典籍也时常阅读，尤其对于兵家常用的器械装备，更是了如指掌，知道这虎蹲炮乃是当时先进的火器，一炮发出，足可要了十数人的性命。他激动地说道："你们既有如此强劲的火器，要拿下樟树镇的贼寇简直易如反掌，怎的还会吃了败仗，向巡抚大人求援？"

那兵士回答道："旗官大人有所不知，炮营里虽配了火铳、虎蹲炮等武器，但那些兵士却素来散漫，疏于练习，以至于那些大炮经年不用已失了准星。它们现在只能放出点声响，若要真正精准地轰击敌阵，还需一定的时日来调校才行。"

邓子龙大喜道："真是踏破铁鞋无觅处，得来全不费工夫。你快去吩咐炮营给我准备三门虎蹲炮，二十个火铳手。先不管精准度如何，叫他们从速来此报到。"

兵士虽然不明所以，但旗官大人发话，也不能不听，便按命令行事去了。他哪里知道邓子龙心里所想？当下之际，那虎蹲炮能否打准目标只是小事，只要它能弄出点声音，展现出朝廷的天威，让那些贼寇心里生出畏惧之意，那就能不动兵戈而消除樟树镇的祸患。

次日，邓子龙要求的虎蹲炮和火铳手皆来到大营报到。邓子龙给他们分配的任务是，让数名兵士抬着三门虎蹲炮绕到黄土岗后山，只待一到午时便放炮轰击贼寇大寨。至于能否打到并不是关键，关键在于制造出震天动地的声响，给他们一个威慑。而二十名火铳手就潜伏到山寨左近埋伏，以备随时接应。在所有事情准备妥当后，邓子龙决定于明日孤身进入贼寇大寨，用利害关系劝他们归降。

黄土岗三面环水，只有一条大路可以进山。樟树镇贼寇的寨子便立在山顶的平坦之处，可谓易守难攻，难怪他们有恃无恐。是日清晨，按照邓子龙的安排，三门虎蹲炮已经悄悄地架在了黄土岗左近的山峦处，火铳手也在夜色迷离中摸到了寨子下沿的位置。待得天亮，邓子龙便束发劲装，孤身一人往山寨扣门。他先前之所以将那几个喽啰放回正是为了让他们报信，好使山寨之主知道自己这样一个人的存在，以便现在能够顺利进入山寨。果然，在报上了自己的来历之后，山贼头子命人将邓子龙请进寨里。邓子龙也知道，这正是招降的第一步。

"你就是前日伤我兄弟的人？"山贼头子见了邓子龙，语气中透着明显的不悦。

邓子龙环顾四周，只见左右两侧有六七人兀自立着，且各自手持兵刃，显然并非善类。不过他依旧气定神闲，说道："不错，你的几位兄弟的确是我所伤。只不过，我的目的并非要伤他们，而是要降他们。"

山贼头子恼怒地说道："降他们？你是何身份，来此的目的又是什么？"

邓子龙不慌不忙道："我乃是朝廷征剿樟树镇贼寇的一名旗官，此番前来，是为了劝降你们，以避免刀兵之祸。"

山贼头子大笑："笑话，朝廷的官兵狗屁不

待得天亮，邓子龙便束发劲装，孤身一人往山寨扣门。

如，我们已交手数次，他们哪次不是望风而逃，溃不成军，还有胆来招降？"

邓子龙说道："先前是朝廷对你们仁慈，并没有派出精锐。而今你们名声愈恶，终于惹来了最强悍的部队了。"

山贼头子冷哼一声，说："强悍部队？我瞧瞧能有多厉害。你不要以为能伤我几个兄弟就可以为所欲为。来呀，给我先打他一顿。"

立时就有几个喽啰挥刀而上。邓子龙心神合一，三拳两脚间就把冲上来的贼寇打得倒地不起。眼见一名小小的旗官竟然威武至此，山贼头目也难免有些慌张。邓子龙见他面露胆怯，乘胜追击说道："你以为朝廷只有如此能耐吗？"他话音刚落，只听三声震天动地的巨响，轰隆隆之声经久不绝，险些将山贼头目从位子上震下来。早有喽啰跑到寨内禀报说寨外空地上竟然凭空多了三个深坑，只怕是威力巨大的火器轰击造成的。继而寨外又响起一片杀声，正是火铳手们听到炮声后攻到门外。到了此时，山贼头目终于知道自己实在并非朝廷的敌手，无奈之下只得对邓子龙说道："这位军爷，我等原来都是百姓，啸聚山林也是迫不得已。求军爷看在他们都没有害过他人性命的分上，放他们一条生路。我愿一力承担所有后果，认罪伏法。"

到此时，邓子龙已知道樟树镇的贼寇之乱基本上已经解决了。他说道："我也知道你们并非一心要做贼。当今天下时局动荡，为了果腹落草为寇也并非十恶不赦，况且你们的确没有害过他人性命。这样，你们就先交出自己的全部武器，然后到临江府去投案。知府大人自会对你们宽大处理，如何？"

眼见有活路可走，山贼们从头目到喽啰皆交出了武器，老老实实地到临江府投案去了。而那临江知府也按邓子龙的请求，或是给他们安排活计，或是发给他们做生意的银两，总之大抵安顿了这些人的生计问题。困扰当地一段时间的樟树镇贼寇就这样在邓子龙的手上烟消云散。此一役，他全没有费一兵一卒，可谓不战而屈人之兵，时间上也只用了七天，大大超出了所有人的预料。这样出色的战绩着实让江西巡抚对这名新科武举刮目相看，也为他争取到了日后征剿闽广倭寇的机会。

闽广剿倭

自从邓子龙兵不血刃地剪除了樟树镇的贼寇祸患后，他智勇双全的名声便开始在江西军旅中流传开来，江西巡抚也愈发看中这位才出茅庐就能打胜仗的武解元，一路力荐他参加了嘉靖年间声势极为浩大的闽广剿倭之役。自嘉靖三十八年（1559）开始，直到万历二年（1574）结束，十五个寒暑，邓子龙的身影便一直活跃在闽广两省的战场上，创下了大大小小上百场战役的辉煌成绩，并一路从小旗官升为世袭副千户。

明嘉靖年间，皇帝昏庸，朝廷积弊甚多，国力衰微，以致东南沿海各省，尤其是浙江、福建、广东三处时常受到倭寇的劫掠和骚扰，民不聊生。除倭寇外，在闽广的深山之中，更有诸多山贼强盗啸聚作乱，为非作歹，黎民百姓的生活当真是在水深火热之中。为了缓解内外之患，维护统治，从嘉靖后期到万历前期，朝廷不得不派出大量的军队来消灭沿海的倭寇和山中的强盗。邓子龙所率部队作为江西客兵里的一支劲旅，全程参与了这场历时十五年的征剿。在这期间，令他最得意，也是他最出彩的一场战役，是平定广东海贼曾一本。

说起来，曾一本此人是另一个大海贼吴平的手下。吴平海盗集团的主力之前在一次官军的大围剿中被击溃四散，其余部曾一本一度逃窜，后来见时机成熟，便重新集结了数万之众，开始骚扰、劫掠闽广各处，残忍凶悍程度更甚于吴平。当时已是隆庆初年，那刚刚即位的隆庆皇帝年轻气盛，正准备一展抱负，将垂垂老矣的明帝国重新拉回正轨，他怎能容许一个海盗如此这般为所欲为？当即下令命广东、广西、福建三省合力出兵，会师剿灭海贼曾一本。

命令抵达时，恰逢邓子龙在广东清剿藏匿于山中的贼寇，因此，他手下的部队连同当地的驻军就成了离曾一本老巢最近的军事力量。按道理来说，兵贵神速；若是就地待命，等广西和福建两处的援军到后一起行动，虽不会出什么大差错，但无形中却失去了很多用兵的优势和先机。作为一个对战机极其敏锐的老兵，邓子龙的想法是要在另外两省军队到来之前，先利用地缘优势，狠狠地杀曾一本个措手不及。

不过，他毕竟不是总指挥，具体的发号施令，还是要听从广东总兵郭成的安排。这个郭成，由于在曾一本作乱时反应迟缓，已经被隆庆皇帝狠狠地痛骂了一顿，还领了一个"将功折罪"的惩罚，所以行事上未免就要小心翼翼一些。他不愿冒着风险赶在另外两省的军队到来前单独行动，于是一直选择原地待命，这可急坏了邓子龙。眼见主将迟迟没有反应，他终于忍不住，这一日便来到郭成的大帐，进言道："郭将军，咱们已经接到了朝廷剿灭曾一本的命令，您为何迟迟不下令行动？"

郭成虽然行事谨慎，但却是个惜才之人，他知道邓子龙如此急着出兵，并非为了抢功劳出风头，而是为了国家大计。但已经犯了一次大错的他，经不起再出现任何问题，只能对邓子龙说道："邓将军，咱们接到的任务是连同广西和福建两省的驻军一起会剿。此时他们的军队还没有整装进发，若广东军队单独行动，难免打草惊蛇，增加剿灭的难度呀。"

"将军此言差矣。试想一下，若三省会齐后再共同举兵，那时神威之震天，声势之浩大，他曾一本必先有耳闻。届时他一旦死守在自己的几处要塞不出，即便是三路大军也难以在十天半月内攻克。尤其那南澳岛，它是曾一本的老家，不但远离陆地，且工事齐备，固若金汤，官军强攻伤亡必然惨重。然而，如果咱们在他听到会剿风声前就先手采取行动，就可以减少很多无谓的牺牲，何乐而不为呢？"

"那么邓将军又有什么良策？"郭成被邓子龙所言稍稍打动。

"所谓兵贵神速，咱们不妨趁此机会先集中力量拿下他几个沿海处的寨子，一来让他的退路减少，二来我们可以将布防力量扩展至海边。一旦将来要攻击南澳岛的话，又能大大减少行军所消耗的时间。现在朝廷命令刚下，其余两省的大军尚未行动，想来曾一本也不会知道会剿的消息。现在攻取他的寨子，他也不会想到会剿的事情上，无非会认为是寻常的军事行动罢了，打草惊蛇也就无从谈起了。"

"这……"郭成虽然对此计策动了心，但还在犹豫。

邓子龙诚恳地说："郭将军，那曾一本之所以嚣张，一个很重要的原因就是他狡兔三窟，借着海上的岛屿和陆地来回经营。我们若是能在三省会剿前先剪除他的陆上匿身处，这仗也就赢了一半了。而现在有这个能力的，唯有咱们广东军了。"

至此，郭成终于为邓子龙所动，答应他道："既然邓将军已有了策划，又成竹在胸，本官就准了你的所请，命你择日率军先行攻克曾一本在沿海处的寨子，为进一步攻取南澳岛做好准备。"

邓子龙大喜过望，拜谢道："多谢郭将军。"从当年的正月起，一直到五月广西和福建大军聚集开拔前，邓子龙率军陆陆续续拔除了曾一本在沿海所有的寨子。也果真如他所料，那曾一本没有听到三省会剿的消息，以为只是广东官军例行的征剿行动。又听到主将乃是邓子龙，知他骁勇善战，刚猛无敌，不愿与他正面交锋，选择了暂且先退到海外，待找寻机会再反扑回陆上。

一眨眼时间到了隆庆三年（1569）五月，福建和广西的军队此时都已集结，准备分三路攻打曾一本在海上的两处要塞：柘林澳和南澳岛。此时，邓子龙所在的广东军又面临着一个至关重要的抉择问题，那就是，如果接受上级命令，他们就需要和广西、福建军队汇合一处，集中所有火力强攻南澳。但是对于这个决策，邓子龙却觉得十分不妥，因此在大军开拔前夕，他又找到郭成，进言道："郭将军，依我之见，本来三路大军征剿，其锋利之处就在于可以从不同方向，以不同时机分别杀出，让敌人自乱阵脚。但若然合在一处，那就失去了三路三向的天然优势。所以，广东军直接与闽军会合实乃下策，应当灵活地改变一下战略计划。"

郭成听后大惊道："先前让你单独行动是因为

其他两路大军尚未聚集，所以也谈不上军令，也就罢了。现在三路会师征剿乃是朝廷的命令，若是违抗，你我还要不要性命了？"

"郭将军莫急，听我慢慢说来。朝廷给咱们的命令是从南澳岛北边的长洲尾一处发兵，与从正北边而来的闽兵交相呼应，实际上所起的作用不过是掩杀，真正的主力还是他们闽兵。咱们既然作为一支突袭部队而非主力，那么杀向敌阵的方向和时机自然是越刁钻越好。所以，不妨就等着曾一本和闽兵交手时，咱们先绕过长洲尾而直取兵力空虚的南澳岛，届时马不停蹄，兵不解甲，再从对手后方杀出，那才真是出奇制胜，叫曾一本进退两难，成为海上的一个孤魂野鬼。"

"子龙啊，你的计策虽然妙，但南澳岛处于远海，船只要开拔到那里，至少需要八天的时间。一旦这八天之内正面战场上有什么变故，即便最后咱们胜了，这延误军机的责任，你我可是都承担不起啊，还是不成。"

"郭将军有所不知，在下早年曾以堪舆为业，颇知山川河海，风雨变幻。现下渐入夏日，海边多为东南信风。从今夜之相来看，明早海上必定风力强劲，再加上近日水师打造战船，船坚帆重，吃水很深，可以直接从深海区穿行而过，一路直杀南澳岛，时间可从八天缩短到一天，绝不会延误战机。"

"从八天缩短到一天？你可确定？"郭成惊讶地问道。

"十分确定。无论是风向，还是战船本身，都是经我反复测算考量的，绝不会有错。"

郭成胸中的一股豪情终于被邓子龙所言激发了出来，当下拍案决策道："嗯，我也曾听人说过你早年曾拜罗洪先为师，想来的确学到了不少本事。好，就依你所说，明日清晨所有战船齐发，直奔南澳岛，先端了曾一本的老巢，叫他无处可退。"

果然，次日天尚未全亮，海上便刮起强劲的东南信风。随着总兵官郭成的一声令下，广东军的二十几艘重型战船全部出发，向南澳岛呼啸而去。不出邓子龙所料，果然在当天黄昏时分就杀到南澳岛附近。

说来也巧，那曾一本在海上纵横多年，的确是有些手段。他闻听朝廷派兵前来剿灭自己，早在大半个月前就已经派出细作混入了作为主力的闽兵之中。这个细作成功地得知闽兵的作战计划，曾一本便提前做好了反包围闽军的准备。决战当日，他几乎是将自己的主力倾巢而出，想要一举将官军挫败，叫他们再无进攻之力。只是，在这般情况下，那南澳岛便成了一座空城。所以，邓子龙的一队人马登陆后，不费吹灰之力就将这座曾固若金汤的岛屿拿了下来，随即调转船头，直奔曾一本身后而去。

此时的曾一本正凭着提前得知的细作情报，狠狠地将闽兵打得毫无还手之力，不料却忽然听人来报说有一支水军居然从南澳岛的方向杀了过来。身经百战的曾一本立刻就知道可能是自己的老窝出了差错，情形一下子就要翻转过来了，连忙指挥手下撤退。本来即将溃败的闽兵看到海寇忽然撤兵，也都觉得很是奇怪，一打听之下才知道是郭成带领着部队将南澳岛打了下来，曾一本现在的处境是进退两难，没有了容身之处。闽兵听后士气顿时大受鼓舞，马上追杀过去。

这场海战一直打到深夜方暂时歇住，曾一本被前后夹击，损兵折将无数，最后退守到一处海峡之内藏匿。这海峡入口颇为窄小，不利于朝廷大军铺开阵型作战，闽兵和广兵都选择暂歇，商量下一步策略。

邓子龙这一手奇兵着实让郭成开了眼界，他一边赞许邓子龙，一边说道："今日这一战多亏了邓将军的妙计，那曾一本现在就像丧家之犬一样，无路可走了。咱们只待明日多派出小型战船冲入海峡内部，便可瓮中捉鳖，一口气拿下这群贼寇。"

"也不尽然。那曾一本现下走到绝路，必定做好了破釜沉舟、鱼死网破的准备。咱们若明日派小船驶入海峡，短兵相接中，难免要有一场恶战，死伤绝不在少数。与其和这群亡命之徒硬碰硬，不如再使一手计策，兵不血刃地收拾曾一本的残部。"

"哦？邓将军又有什么妙计了？"郭成兴奋地说道。

"曾一本现在前无进路，后无退路，心中必定慌乱无比。郭将军不妨想一想，如果将你换作曾一本，你现在最想做的事情是什么？"

郭成思忖片刻，忽然拍案说道："他想攻下一座岛屿当作临时老巢，再作从长的打算！"

"不错，无论这群海寇怎么熟悉水性，在海上漂泊作战也绝对比不上有陆地可以依靠。他们已经失去了南澳岛，如今最想做的事情定是要就近打下一座有工事、有粮食的岛屿，之后坚守不出，再跟官军慢慢周旋。"

郭成立刻吩咐左右说："拿海图来。"只见他几番权衡比划，忽然指向一座距此地三十余里的小岛，说道："就是它了，东山岛！"

"大人明鉴，这东山岛上有一座铜山要塞，易守难攻，且备有充足的粮草，在下也正猜测曾一本明日必会挥兵攻打那里。所以，咱们的上策是赶在明日曾一本出兵前先放开包围圈，给他让出一个口子。此举虽然会引起曾一本的怀疑，但他现在穷途末路，断不会过度考虑其中深意。待他与东山岛的守军正面交手，深陷其中之时，咱们再从他身后杀出，便可一举歼灭他的主力了。"

"好，就这么办。"郭成应允了邓子龙的计策，当即广兵的二十余艘战船便连夜向海峡远处开拔了数十里。曾一本的探子也来向他报告了这个消息。曾一本到底是在海上纵横了多年，也知道此时广兵忽然退却很是奇怪，但他的确也没法再去考虑那么多了。南澳岛既已失守，即使广兵不退，他被困在这海峡中，全军覆没也只是时间问题。现在广兵退后，虽然很明显是一个圈套，但左右都是一个死，不如就破釜沉舟，集中兵力先去攻打离此不远的东山岛。万一成功了，那就还有周旋的余地。想到此处，曾一本不再犹豫，当即下令所有战船凌晨出发，突袭东山岛。

次日清晨，曾一本孤注一掷，率领残余部队猛攻福建海外的东山岛。海寇们都知道此时已没了退路，所以都杀红了眼，似乎连性命都不要了。幸而那东山岛的铜山要塞易守难攻，这才不至于被海寇们快速拿下。正当双方激烈胶着、你死我活之际，曾一本突听背后洋面上炮声阵阵，杀声震天，正是邓子龙所率领的广军杀来。曾一本知道自己是中了埋伏，但如今情形，也管不了那么多，抄起家伙就准备和官兵们搏命。可是像邓子龙这样极其看重战术战法的人哪里会给这些亡命徒白刃相接的机会？远远只见官兵的二十多艘战船猛烈地向外喷着火舌，正是当时最先进的火器虎蹲炮在开炮。一时间，广阔浩渺的海面上硝烟弥漫，烽火四起，激浪翻卷，弹片纷飞，曾一本的所有战船连同他的座船在内全都卷入一片大火之中，渐被吞噬无踪，除了还在岛上的海寇，余下的落水者、阵亡者不计其数。眼见时机成熟，邓子龙一声令下，各大船迅速投下小舟，载着广兵冲入敌阵，打扫残局。

邓子龙一马当先，架着小舟一路冲杀，斩海寇首级十数颗。忽然，他见眼前一落水者很是眼熟，大喝一声，纵起神力将那人从水中拎出，仔细一看正是海寇头目曾一本。曾一本虽已是山穷水尽，但仍不愿就缚，手持短刀向邓子龙杀来。邓子龙神威凛凛，一剑隔开他的攻击，同时左手猛地深探，不偏不倚正好扣住了曾一本的手腕，再一用力，曾一本吃痛不过，手中短刀掉落在地，兵士们趁机一拥而上，将他绑了起来。邓子龙哈哈大笑道："如何，曾三老，你可输得服气？"

曾一本恶狠狠地说道："你究竟是什么人？"

邓子龙正色说道："你听好了，我乃江西丰城

邓子龙哈哈大笑道："如何，曾三老，你可输得服气？"

邓子龙。"

曾一本说道："早听说过明军南昌水寨里有个姓邓的人有几分本事，想必就是你了。"

邓子龙急着去剿灭余下海寇，不欲和他多言，吩咐左右把曾一本绑到参将王诏那里看管，自己继续带队上前杀敌去了。然而他没想到的是，参将王诏竟然把活捉曾一本的功劳算到了自己头上，在报功时完全没有提到邓子龙。邓子龙的部下都为他感到不平，但他却没有十分计较，认为只要是为国为民除了大害，功劳在谁，那是第二位的。

就这样，平定海贼曾一本的战役结束了，这也是邓子龙十五年闽广剿寇生涯中最为出彩的一仗。他写有一诗，记录下了整场战争的过程：

揭阳巨寇曾三老，剽掠称雄居海岛。
水兵数万莫撄锋，两省英雄皆草草。
电白直入佛堂门，劄住海珠二十日。
三司百姓夜上城，束手元戎无计出。
三省会师约南澳，东西顺逆风不到。
五月十二排战船，猾寇乘风先有报。

闽师十万败如洗，将官沉水金门里。

蔽海艨艟悉卷空，军装火器尽为取。

乌艚碣石凭风起，白沙一日长洲尾。

贼船夜劄牛田洋，轻视广兵容易喜。

胜负未分莲澳战，一声霹雳船不见。

风消烟散浮似蚁，曾贼夭亡莲澳底。

猿臂擒来尚未死，主将冒官传与子。

铜鼓守备

　　嘉靖、隆庆、万历三朝，大明的国力很明显地呈现出由盛转衰的趋势，其中最重要的一个标志就是各地几乎不间断地出现乱贼强盗，使地方治安总是得不到保证。眼下闽广两处的倭寇、山贼虽然在各方力量的围剿下渐渐消失，但江西又出现了以李大銮为首的强盗集团。在多方交手无果后，时任江西巡抚的凌云翼不得不上书朝廷，想要召回身在广东的邓子龙，让他作为剿灭李大銮的主帅，披挂上阵。万历二年（1574）十月，邓子龙奉命回到江西，开始了对乱贼李大銮的征剿。

　　对于身经百战、勇猛神武的邓子龙来说，剿灭区区一个山中强盗简直易如反掌。他刚一返回江西，便孤身一人到李大銮巢穴附近打探了他们的情况，并在临近除夕的晚上，趁着贼寇们疏于防范，率领一队奇兵突袭贼寇们的主寨。结果是邓子龙军斩首无数，并擒获很多头目。只可惜的是，他们并没有当场生擒匪首李大銮。不过，纵使这样，这一战也极大地挫败了贼寇们的元气，让为害江西长达一年之久的李大銮再也无力翻身了。

只是，已经在闽广两省征战十五年之久的邓子龙早就在经年累月的厮杀中开始思考更加深刻的问题，那就是哪里有叛乱就去哪里征剿的这种头痛医头、脚痛医脚的方法是不是真的有用？江西的官员对于李大銮之乱的反应已不可谓不迅速了，但黎民百姓所受贼寇之苦者，仍不在少数，怎样才能从根本上杜绝这种情况？这个问题成了邓子龙心中一直思考的事情。

也是巧了，凌云翼在邓子龙刚调回江西不久便出任其他官职去了，接替他而来的新任巡抚叫做潘季驯。这个潘季驯原是治水出身，曾多次帮助朝廷解决黄河水患，也是一个喜欢从根本上解决问题的人。在这一点上，他和邓子龙一拍即合，二人便约了时间，打算一起讨论如何从根本上解决匪患难题。

这一日邓子龙应邀来到巡抚官邸，见到潘季驯，二人自然少不了一番官场寒暄，但随即也就进入正题，开始讨论李大銮一事的得失。潘季驯首先说道："邓将军，李大銮的主力虽然已经被消灭了，但他本人和几个头目还是下落不明。更重要的是，宁州、靖安、万载、新昌这几个县城处在群山环绕之中，极利于盗贼们重新啸聚山林，死灰复燃。如果等到他们再次集结出没，官军征剿就难免要失了先发的优势。到时候他们东西藏匿，南北躲闪，我们很难首尾兼顾，不但大大增加征剿的难度，百姓们也要遭殃啊。"

邓子龙也感慨说道："巡抚大人所言有理。这几个县城均在深山之中，交通极其不便，一旦横生事故，即便星夜到衙门来报，往返也足要六七天的时间。这一来一回，真是什么都来不及了。"

潘季驯诚恳地说道："素闻邓将军久经沙场，临敌经验很是丰富，不知你可有什么建议？"

邓子龙似乎胸中早有对策，立时说道："宁州处有一处叫做铜鼓石的地方，其位置正处于靖安、万载、新昌几个县的中央。在下的意思，是在铜鼓石处设立守备衙门，拨精兵一千日夜驻守，给予守备官调动权。如此，一旦有贼寇消息，官兵非但可在两日之内赶到，更可一面征剿，一面上报，在最短时间内平息祸乱，把百姓所受之苦降到最低。"

"邓将军高见，本抚也是这个意思。只是这个铜鼓石守备责任重大，不可随意派遣。不知邓将军能否勉为其难，担此大任？"潘季驯知道邓子龙因闽广剿倭，已离家十五载。现下才刚回江西，尚未来得及和家中妻子卿卿我我，甜蜜一番，此时就让他去铜鼓石守备，未免有些不近人情。只是如此重任，眼下除了他外，其他人也着实叫人放心不下，因此还是试探性地问了问邓子龙。

"既是大人托付，子龙必不负所望。"邓子龙毫不犹豫地说道。

"好，那本抚即刻就上书皇上。有邓将军这般赤胆忠心、体恤百姓之人，江西父老可无忧矣。"

万历四年（1576）十二月，皇帝批复了潘季驯在铜鼓石设立守备的请求，并拨白银七百两作为修筑守备衙门和工事的资金。次年初，邓子龙便开始着手建造守备衙门。按照计划，这衙门和工事所经处要征用当地几个农民的耕地。听到手下士兵禀报了这个消息，邓子龙皱了皱眉，说："你们可有去和那几个老乡商讨过此事，他们可同意吗？"

兵士回答道："邓将军，朝廷修筑防御工事乃是为民大事，本没有要征得他们同意的旧例，最多只是赔他们三年的土地收获也就罢了。"

"那可不行。虽然修筑守备衙门的确是为了百姓，但他们可不这么想。那土地是他们吃饭的依靠，如今征用了去，就算赔上三年的收获，那三年之后他们如何是好？你们还是要差人先去问个明白。"

兵士无奈，只得让人去询问那几个百姓是否愿意腾出土地让朝廷修筑防御工事。结果可想而知，那些庄稼人都是只看得见眼前利益、看不到长远之计的人，纷纷表示不愿让出地方。邓子龙得知后，果然没有强求，而是吩咐修筑工事时绕开那一片庄稼地。可是这样一来，就又有一个问题。那就是，因为资金有限，而先前绕了不少的路，白白花了不少银两，到了最后要修筑防御城墙的时候，竟然没有足够的资金了。

这是一个很棘手的问题。大凡建筑城池，城墙是极其重要的部分，因为一旦遭受攻击，高大而坚固的城墙就是一道天然屏障，可以抵挡进攻。可是现在，因为在考虑百姓利益时过度消耗了军费，导致剩余资金难以修筑城墙。邓子龙思前想后，最终做出了一个决定，那就是用成本相对较低的木栅栏来代替城墙，从而在规定的军费下完成建造铜鼓石守备衙门的任务。

衙门落成后，效果果然非同凡响，仅仅五个月之后，也就是万历五年（1577）的十月，守备衙门的眼线就在宁州安乡处发现一人，其长相身材和先前逃脱的匪首李大鸾很是相似，当下就上报了守备衙门主事的邓子龙。邓子龙立刻派人前去捉拿，果然就将消失已久的李大鸾抓捕归案。经此一役，铜鼓石守备衙门的奇效就在全国流传开来，邓子龙也因守备有功被调往浙江舟山练兵驻防，品级也从离开广东时的正五品变成了正三品。

　　然而好景不长，邓子龙因经费不足而将城墙替换为栅栏的事情被一个叫做陈世宝的御史发现，竟然上书弹劾。按陈世宝所说，邓子龙并非为了绕开百姓耕地多耗了军费而改城墙为栅栏，而是因为他自己贪污克扣，导致军费不足，所以不得不将城墙改为栅栏。其实想一下，修筑工程浩大的守备衙门，七百两白银邓子龙都已经是一分掰成两半花才能完成任务，他哪里还有心贪污？按照明朝的惯例，如果被弹劾的官员没有再被上一级传唤的话，那就意味着他没有进一步申辩的机会，被弹劾的罪名基本上也就要被坐实了。邓子龙听说此消息后，起初还信心满满等着上级官员对他的传召，但等来等去，竟如石沉大海一般，杳无音讯，他心中也渐感失落。

　　最后的结果也不乐观，因为万历皇帝批复了一句话："邓子龙智勇可用，所犯又无重情，著纳赎还职，遇缺推用。"这句话表面看起来似乎从轻发落，但实际上却是把他刚刚得到的正三品级别重新降回了正五品，并且连铜鼓石的守备职位也没得做了，只能是回到丰城县的家里，暂时赋闲。

妻子汪孟秀见到丈夫回家，也是喜忧参半。喜的是，她自与邓子龙成婚以来，一直聚少离多，常年戎马生涯的丈夫与自己相聚的时间简直屈指可数。现在他丢了官职闲居在家，自然是可以和自己朝夕相伴，卿卿我我了，这也是任何一个妻子都想要得到的生活。忧的是，她同时也最了解丈夫的脾气性格，知道他乃是山中的猛虎，海里的蛟龙，就这样平平淡淡过上了人间烟火的生活，他自己心情会烦闷不说，对朝廷和百姓也都是一个极大的损失。她知道，现在是她要做些事情的时候了。

一日夜里，正值月圆，淡银色的清辉如一片薄纱般轻笼大地，穿庭照树，云影也时而映在地上，明灭交错，实在是一派好景。邓子龙和汪孟秀在月下对饮，正是微醺时候。对此良辰，邓子龙虽然心情极佳，但显然他胸中也有一口难展之气不能抒发，对着夜空轻轻叹了口气。汪孟秀开口问道："如此好景，老爷何故叹气，可是妾身做了什么事惹你不快了？"

"娘子哪里话，你我夫妇举案齐眉，相濡以

沫，家中又和睦美满，儿女孝顺，天底下再也没有这么好的了。只是……"他顿了顿，欲言又止。

"其实妾身知道，老爷虽然也珍惜全家团聚和美的时光，但心里想得更多的还是戎马疆场，建功立业，报效国家。"

"哎，还是娘子懂我。只可惜现在我被弹劾闲居在家，有苦无处诉，有力无处使，只能眼睁睁看着外头贼寇横行，百姓水深火热呀。"

"老爷有此担当之心，居庙堂忧民，处江湖忧君，实在是百姓之福，大明之福。只是，想要建功立业，报效家国，并不一定非要驰骋疆场，还有许多别的途径可行的。"

"哦？还想请问夫人高见？"邓子龙好奇问道。

"自古臣分文武。武将之道乃是上阵杀敌，保家卫国，而文臣之道却是另一种路数。他们或是进言以正视听，或是修书流传后世。老爷现在虽然暂时止了上阵杀敌的武将之道，却还有一条文路可以走。你忘记与罗洪先师父学的那些兵法理论了吗？"

邓子龙如梦初醒，朗声说道："原来如此！夫人的胸襟见识简直胜过了世上诸多男儿，连我也要甘拜下风啦。我邓子龙今生能娶到夫人你，实在是三生有幸。"

"老爷过奖了，妾身是不愿看到老爷就此消沉下去而磨灭了自己的一腔热血。这也是做妻子的应行之事，不是吗？"

"真是有劳夫人一片苦心，我明日便开始在家中著书，即使余生再不能回归疆场，至少也要把近二十年来的兵法心得记录下来，流传后世，让那些有志于报效家国的后人看到。"

汪孟秀看到重新燃起斗志的邓子龙，心里充满了欣慰。

邓子龙利用自己赋闲在家的时间，着手编撰《阵法直指》。虽然只有九千多字，但这部著作讨论了从黄帝开始一直到明代许多名将曾用过的排兵布阵的阵法，包括姜子牙、孙武、韩信等等，并将他们的传承、演变关系加以清晰地梳理。他认为阵法重在审时度势，随时而动，章法规律，一应俱全，并写下："是故兵不知阵，与无兵同；阵不知变，与无阵同。变阵而纷纭无制，与不知变同。兵有动有静，阵有体有用。变有虚实，有先后。列宿运行不息，而天枢常居其所，兵阵亦然。"之后他又在总结前人的基础上，提出了自己独创的战阵，叫做"八旗阵"。八旗阵分为四层，最内层为四阵，唤做：北辰、南极、东日、西月。此阵有四头八尾，各自接应，变化无穷，是邓子龙在兵法上做出的独特贡献。

邓子龙赋闲在家，以著书为业，又过了一段平静的生活。不过，万历皇帝其实没有忘记这名骁勇善战的将军。万历九年（1581）八月，邓子龙接到圣旨，让他到湖广一带郧阳都司任职。汪孟秀得知消息后，虽然不舍丈夫离去，却还是恭喜他："恭喜老爷，又可以上战场杀敌立威了。只是战场上瞬息万变，还请老爷凡事多加小心。"

听着妻子的贴心暖语，想着她在自己最低落时给自己的激励，邓子龙感动万分，说："你且放心，为夫必定平安归来。"

五开平乱

　　朝廷让邓子龙重新披挂上阵的原因很简单，因为郧阳地区出现了苗民的叛乱，而在闽广征战长达十五年的邓子龙，经验丰富，勇猛果敢，无疑是最佳的平乱人选。邓子龙亦没有让朝廷失望，只小试牛刀，就将叛乱的苗民击溃，恢复了当地治安。

　　只是，这大明朝廷的确是已经到了江河日下的地步。邓子龙刚刚平息郧阳的苗乱，尚未来得及休整，就又接到命令，升他为武靖参将，并立刻到贵州黎平的五开卫去平息那里的兵祸。

　　在此之前，邓子龙已大大小小经历了上百次的战役，但无论是樟树破贼、闽广剿寇，还是消灭土匪李大鸾，他主要是在同强盗贼寇一类的敌人作战。而此次的五开卫兵祸却比较特殊，乃是一群朝廷驻扎在那里的士兵，在很长时间盘踞又无人问津的情况下，自发结党，相互营私，竟渐渐形成了有规模有组织的势力团体。他们已经不单单是劫掠百姓、为害乡里那么简单，而是进一步将地方官，甚至是上级派来的官员都给痛打驱逐了，使整个黎平县变成自己的地盘，妄想割据一方。朝廷在得知此事后，十分震怒，立刻便召离此不远的邓子龙前去剿灭这群叛兵。

邓子龙在接到上级的命令前，对五开卫的实际情况并无细致的了解，心中打定的主意其实是招抚为主，剿灭为辅。一般来说，造成军士叛乱的原因大致有两个，一个是因为上级虐待、奴役、欺凌军士，或是克扣、迟发军饷，以致士兵心中极其不满，产生哗变。他的老朋友陈璘就曾因为发军饷不及时导致手下聚众鼓噪，围殴旗官。这种情况下，兵士们实际上是可怜的，而且也并无大错，所以应当以仁慈的手段跟和平的方式加以解决。第二个情况就很不一样了，那就是军队里有兵痞或居心叵测之人相互勾结，企图利用兵乱和煽动性的事件谋求私利，手段残忍，甚至草菅人命。邓子龙从戎多年，他认为在一般情况下，造成兵乱的原因还是以第一个为多，所以心中对军士们是怀着同情和理解的，能够和平解决，就尽量不要动武。

怀着这样的心思，邓子龙在万历九年（1581）十二月来到了黎平县五开卫。按着他行军打仗的脾气，知己知彼、百战不殆永远是放在第一位的，因此一到军营，他便立刻去找了较为熟悉当地状况的监军龙宗武了解情况。

"邓将军，久仰大名。"龙宗武早就听说过他的辉煌战绩，首先开口寒暄。

"龙监军过奖，听闻你先于我到这五开卫有一段时间了，不知这里究竟是什么情况？请把你知道的都说与我听听吧，我也好决定到底是招抚为主，还是剿灭为主。"

"招抚？邓将军不是在开玩笑吧？这样的一群穷凶极恶之徒，如何招抚？一定是要斩草除根呐。"

"哦，看来我的确是有所不知了，龙监军快说来听听吧。"邓子龙虚心请教。

"邓将军，别处的兵变或是以上级压榨下级居多，兵士们为了生计，情有可原，可以招抚。但这五开卫却并非如此状况，实在是恶人结党，兵痞成群，只有剿灭一条路可走。"

"究竟是怎么一回事？"

"这个五开卫早在弘治年间，风气就日益坏了起来。它起初是为了控制苗民滋事而设立的，后来平息了祸患后，因常年平静，就成了清闲之地。渐渐地，就有游手好闲的士兵到处惹是生非。时间一长，不少黎平本地的士绅认定这些士兵可以为自己所用，就花钱来收买他们，从而欺压良民，获取私利。这还不算，到后来，他们仗着人数众多，又有武器在手，甚至连黎平的地方官员也不放在眼里。嘉靖十七年（1538）的时候，黎平兵备副使朱藻要去五开卫视察，守城军士周泰居然敢不开城门，还让士兵们站在城头大加威慑，使朱藻不得不退回靖州。嘉靖二十九年（1550），兵痞周宗、刘芳等人因为对守备不满，竟把堂堂的朝廷命官给绑了去，痛打了一顿，简直是闻所未闻地嚣张。还有嘉靖四十二年（1563），新来的守备魏麒才一到任，就莫名其妙地被五开卫的士兵围殴，原因竟是兵士们要给新来的守备一个下马威，让他长长记性……"

"岂有此理！他们眼里还有军纪军法可言么！"邓子龙听到气处，突然拍桌而起，打断了龙宗武的话。"我本以为五开卫之乱也是因上级对下级的盘剥造成的，听了龙监军的话才知道，这简直就是一群土匪。对待他们没有招抚，只有剿灭。"

"邓将军所言甚是，对待他们，没有招抚可以商量，只有从速灭之，以展朝廷神威。"龙宗武回答道。

"那么他们最近情况又是如何，龙监军可有打探明白？"邓子龙没有被怒火冲昏头脑，仍然还是像往昔一样，要确定好每一个细节，再制订作战计划。

"现在他们的头目叫做胡国瑞，是去年才成为乱兵首领的。他有五个兄弟，分别叫做刘应、卢国卿、周官、姚朝贵、刘高，他们六人合成'六哗'，联合了附近的五个苗寨，已经成了彻底与朝廷作对的叛军。那刘应的上司刘璋因为不想参与反叛，就派人偷偷刺杀了刘应，所以现在还剩下'五哗'，他们就盘踞在五开卫，拥兵自重，那架势好像是要成立一个小朝廷。"

听了之后，邓子龙忽然轻松一笑，说道："'五哗'，如此没有魄力的名字也亏他们能想出来，我以为至少也要自称'五王'或者'五虎'什么的方能显示出点气势。'五哗'，看来他们还是做贼心虚，连起个诨名都忘不了自己是叛变的军队。一群乌合之众，成不了大患。"

"邓将军想必已有破敌良策了。"龙宗武很是兴奋，他也想看看这位名声在外的将军到底有何本事。

"对付这群狂妄又没什么战斗力的叛军，也无需什么良策，只待略施小计，顷刻之间便可破之。"邓子龙自信满满。

"可他们除了五开卫据点外，还有五处苗寨交相呼应，邓将军也不可小视。"龙宗武提醒他。

"苗民最计较利害，咱们只要以迅雷之势击溃胡国瑞，那些苗寨看到无利可图，必然不会加以干涉。我已决定，十二月十八，领兵攻城。"

转眼到了攻城之日。时值清晨，明亮的晨曦

中，远方与地面相接处烟尘腾腾，一片混沌，马嘶车鸣之声不绝于耳，正是邓子龙的攻城大军到了。胡国瑞接到消息，早早地把手下士兵调集到北城头来防御。邓子龙抬眼望去，中间为首之人獐眉鼠目，形容猥琐，就单从长相来看，比之先前的曾一本和李大鸾已是远远不及，待得他开口说话，更是没有丝毫的英雄气："你有精兵，我有坚城，看你能把老子怎样！"说罢更是得意地一阵大笑。

邓子龙不为所动，直接下令攻城。他手下的部分士兵原是五开卫的"司捕兵"，因家人受到胡国瑞的迫害，对他早已恨之入骨，所以打起仗来勇猛异常。五开卫的叛军不敢怠慢，石头、弓箭、锋利的竹竿等物便如同暴风骤雨般从城墙上砸落，一时间邓子龙军竟找不到突破口。在下令进攻一个时辰后，邓子龙第一次鸣金收兵。

胡国瑞看到官兵退却，不由得意，骂道："朝廷的兵果然还是老样子，一个比一个脓包。想要剿灭老子，下辈子吧。"

停了半个时辰后，邓子龙又一次下达了攻城的命令，但同上回一样，仍是遭到叛军火力密集的抵

明亮的晨曦中，远方与地面相接处烟尘腾腾，正是邓子龙的攻城大军到了。

抗，邓子龙第二次鸣金收兵。

一旁的监军龙宗武看到邓子龙两次冲锋不利，心中不免犯疑，这个人真是听说的那样，是战无不胜的猛将吗？他为何两次进攻都浅尝辄止？只是，碍于军队的士气考虑，他并没有当面问邓子龙此话。可他也知道，一鼓作气，再而衰，三而竭，若是邓子龙下一次冲锋仍是这般结果，那这一场仗，就未必好打了。

可是邓子龙一点也没受两次冲锋不利的影响，待士兵稍作休整后，他果断下令第三次冲锋。不过，这一次的结果与前两次几乎相同，气势汹汹的士兵只要一和五开卫的叛军短兵相接，便立刻退回原阵，不再上前。见此情形，龙宗武心里只能暗暗叹息，想着名声在外的邓子龙原来也不过如此。然而，事情其实已经在不知不觉中有了翻天覆地的变化。就在邓子龙第三次鸣金收兵后，本来站在城头上信心十足的胡国瑞忽然神色一变，领着一群叛军匆匆向东去了。邓子龙瞅准时机，一声令下，所有士兵纷纷摇旗呐喊，伴着隆隆不绝的鼓声，向五开卫冲去。这一次他们的战斗力简直如同变了一支部队般，均有以一敌十之勇。仅仅不到两个时辰，邓子龙便攻克了五开卫北城门，活捉除胡国瑞外所有的叛军头目。而那胡国瑞也没有逍遥法外多久，于次年五月被官兵捉住而伏诛。

那龙宗武本来对当日攻城之战已经不抱任何信心，不料顷刻之间便天翻地覆，五开卫叛军瞬间从趾高气扬的敌人变成了阶下之囚，他实在不解其中奥妙。在回营后的庆功宴上，他问邓子龙："邓将军今日一战实在令我大开眼界，能在绝处力挽狂澜，足见你的运筹之力和大将之风啊。只是我有很多事情到现在也没想得明白，不知可否传授一二？"

邓子龙豪迈地饮了一口酒，笑着说道："龙监军可是想问我为何攻城时三次都浅尝辄止，也想知道为何胡国瑞忽然会领人往东门去，留下北城一个突破口？"

龙宗武说道："愿请教邓将军其中奥妙。"

邓子龙哈哈大笑："我先前已经说过了，这群叛军头目给自己取名'五哗'，就说明他们都是些没有气量的宵小之辈。对付这种人，最好用的方法就是先装作示弱，让他们觉得自己很是了不起，开始盲目自大。之后忽然一变，以锋锐之势去取他们痛处，这样就会令他们方寸大乱，不攻自破。具体来说，我今日三次下令攻城，又三次浅尝辄止，鸣金收兵。那胡国瑞看了这种情形，心中多半会以为我是个昏庸无能之徒，难免轻敌大意。此时，我却暗中派了一队人马到东城门去放火呐喊，搞出一阵声势来。胡国瑞得知这个消息后，必定以为东门才是我军主力所在之处，北门的这些人一触即溃，只怕是佯攻，所以他才会慌忙地领着大部分手下往东门去守御，却没想到，这一来就真是中了我的调虎离山之计了。只待他一走，北城门守备空虚，我再一声令下，让士兵们拿出真正的战斗力来，区区五开卫之地，哪里有攻不破的道理？"

龙宗武恍然大悟，赞赏道："邓将军这一手欲擒故纵、声东击西的计策实在是妙得很，受教了。不瞒将军说，今日连我都以为你是徒有其表、名不副实之辈了，你连我都骗过啦。"

邓子龙稍稍得意地说道："用兵之道，虚虚实实，真真假假，若非这样，哪能轻易取胜？今日未把计策先说与龙监军听，也是我的不对。"

二人推心置腹，把酒言欢，后来也结下了深厚的友谊。而震动万历一朝的五开卫兵变，也在邓子龙的谈笑风生之间，被平息了。

滇缅激战

　　万历十年（1582）冬，西南边境烽烟四起，这次进犯大明疆土的是缅甸东吁王朝国主莽应里。

　　关于大明王朝和缅甸之间的纠葛，说起来颇为复杂。早在明朝初年的时候，缅甸的酋长还曾遣使入明朝贡，俯首称臣，关系较好。到了英宗正统年间，云南边境的孟养宣慰司酋长思任发因发动叛变被朝廷大军征剿，后流落缅甸。明王朝向缅甸索要叛酋，但对方却提出要拿赏赐和土地来换取，否则就不引渡。双方交涉未果，关系陷入僵局。嘉靖初年，思任发的后人又以缅甸掳走思任发为名，挥师征伐。此役不但大破缅甸，还将其国主莽纪岁并其妻子杀死。自此，明缅关系进一步恶化。

莽纪岁虽然死了，但他的儿子莽瑞体却在此战中活了下来。此人智勇双全，能征善战，建立了东吁王朝。莽瑞体时刻不忘杀父之仇，一心想要报复明王朝。不料，他在一次狩猎时被人刺杀，其妹夫莽应龙继位。这个莽应龙比莽瑞体的野心更大。如果说莽瑞体向明王朝的挑衅是为了替父报仇，那么莽应龙进犯边境则是在觊觎大明的土地和财富。

此番主动引燃边境战火的莽应里，就是莽应龙的儿子。他继承了父亲的衣钵，甚至有过之而无不及。到了万历十一年（1583）正月，莽应里倾国而出，挥兵数十万侵犯云南，所到之处，烧杀抢掠，无恶不作。在进军的路上，莽应里还抓住一个孕妇，命人将其腹部剖开来做占卜。若是男孩，就攻取永昌；若是女孩便挥师顺宁。之后他一路势如破竹，不几日便拿下腾冲、永昌、大理、蒙化等府县。

大敌当前，云南总兵沐昌祚和巡抚刘世曾在接连吃了几次败仗后，无可奈何，只能向朝廷请求派遣援兵，首选就是邓子龙。说起来，此二人选择邓子龙是十分明智的。邓子龙之前历经樟树破贼、闽广剿寇，功勋卓著，是声名远播的大将，又刚在贵州黎平五开卫平息了叛军之乱，现正在此地驻防，距离云南较近，兵贵神速，而且他手下兵士经日夜操练后，也很有战斗力。毫无悬念，皇帝准了此奏。邓子龙于四月左右接到入滇的命令，随即开拔。路途之中，他赋诗《渡盘江吟》一首，一展入滇路途之艰难和此番往云南御敌的雄心壮志：

> 谬承钦命向南征，兵马兼程暴暑行。
> 普定水分南海出，威清山接虎头城。
> 岭高关索千峰小，瘴下盘江半夜平。
> 此去赤心多少望，愿系莽首报功成。

令人意外的是，朝廷给的命令是让邓子龙率兵两万入滇抗缅，但他却只带了自己亲自训练过的三千五百名精兵抵达昆明。巡抚刘世曾见状大惊，问他道："邓将军如何只带了如此少的兵士来？可知道那莽应里手下可有数十万之众啊。纵然邓将军神勇无敌，也怕是寡不敌众啊。"

邓子龙却坦然地说道："自古有云，兵贵神速。若率数万兵士来，只怕行程拖沓，延误战机。况且随行的三千五百人是我亲自招募和训练的，皆是骁勇善战之辈，请刘巡抚放心。"

刘世曾只能皱眉说道："那请问邓将军有何御敌良策？"

邓子龙胸有成竹地说道："我看莽应里此番进军，有两个最仰仗的左膀右臂，一个是驻扎在东路的罕虔，一个是驻扎在西路的岳凤。我们只要先击溃东路的罕虔，再与支援而来的刘綎将军合力围剿岳凤，那莽应里必会阵脚大乱。届时我与刘将军乘胜追击，趁势剿灭莽匪，一路长驱直入缅甸，将大明的疆土拓展到西南的海岸，云南从此可以高枕无忧矣。"

刘世曾着实被邓子龙的豪情壮志吓了一跳。他完全没想到，邓子龙凭着区区三千五百兵士，不仅仅想守住云南，还想一路开疆辟土，一劳永逸地解决边境的忧患问题。他试探道："邓将军总览全局，目光长远，实在让人佩服。只是那缅甸的象兵很是厉害，在战场上横冲直撞，如入无人之境。先前我们与之交战，已有三位参将命丧象脚之下。依我看，你带来的三千五百精兵，还是以全力防守为上策。"

邓子龙侃侃而谈："巡抚大人之虑，末将也思考过。然而，末将在入滇途中，已经知晓熟习了缅甸兵士的作战方式和策略，胸中已有御敌良计。那象兵虽强，却也终究是血肉之躯。若能以火器集中攻击，定能大破敌军。"

刘世曾知道邓子龙身经百战，若非有极大的信心，绝不至于说出此话，稍微心安地说："既是如此，本部院就盼着邓将军凯旋。不过，你的三千五百兵士始终太少，本部院命你在经过洱海时，再接受两千士兵以做增援。余下粮草弹药，本部院一概全力支持。"

从昆明出发，邓子龙一路领兵北上。途经洱海时，他依着刘世曾的吩咐，从云南总兵沐昌祚处接受了两千兵士。不过，令邓子龙担心的事情果然发生了。这些士兵和他之前遇到的很多游勇一样，军纪散漫，品行恶劣。在苍山县时，居然有人强抢平民财物。邓子龙得知后勃然大怒，将始作俑者斩首示众，整支队伍这才肃然起来。

五月十七，邓子龙率部进驻永昌。此时，明缅双方正是紧张的对峙状态，由于担心敌人突袭，永昌城已经关了城门，全城处于戒严状态。邓子龙抵达后的第一件事就是先让知府打开城门，取消戒严，让百姓的生活恢复到正常的状态。对于邓子龙的这个举动，知府陈严之十分不解，他担心地问道："邓将军，大战在即，我们如此门户大开，您不怕敌人会派奸细混入城中吗？若是敌人忽然举万数以上的兵马来偷袭又该怎么办？"

邓子龙笑着说道："陈知府，你以为紧闭门户就能禁绝细作吗？况且敌军有数十万众，永昌城本身又无天险可守，纵然是全云南的兵马齐聚这里，全员日夜戒备，也难以守住呀。"

陈严之又问："既然如此，敢问将军有何妙计？"

邓子龙说道："我已派人探明，在敌人屯兵的湾甸与永昌城的交界处，有一处叫作姚关的地方。那里三面环山，只有一路可长驱深入，像一只大口袋一样。在这种地势下，他们即使有再多的兵马也没法展开，是断然没有威力的。而我们只需要在三面山头处设下埋伏，待诱敌深入后，以精良的火器集中攻击，定能大败敌人。"

见到邓子龙眉飞色舞、胸有成竹的样子，陈严之一颗悬着的心终于落下。同时，他也对大战在即仍能气定神闲、战术思路清晰的邓子龙产生了深深的敬佩。

万历十一年（1583）冬十一月，莽应里亲自率兵分两路进犯云南，杀气腾腾，大有毕其功于一役的气势。而就在这之前的一个月，有一对兄弟叫景宗真和景宗材的，忽然投奔邓子龙的军营。实际上此二人乃是缅甸派来的细作，被邓子龙身边的人认了出来。然而邓子龙心中却暗暗一喜，他想着那莽应里和罕虔也非等闲之辈，本来诱敌深入倒也不是一件很容易的事情，这下天助我也，来了这么两个传话人。他不动声色，准备将计就计，利用这二人好好地让莽应里和罕虔之辈上一个当。

翌日罕虔北渡查理江，景宗真装模作样地跑到邓子龙军前急报，说："将军，缅军已经过了查理江了，我们如何是好？"

邓子龙假意答他道："我的探子却说敌人离此尚远。你们谁说得对，待本将军亲自出去查探一番再做定夺。"于是率众往松坡营方向而去，并吩咐让士兵每人扛大竹筒一只。景宗材又问："将军拿竹筒做什么？"邓子龙说："松坡营缺水，我让他们多搬些水过去。"

松坡营与姚关来回有六七日的路程，景宗真料想，如此往复一趟，待邓子龙回来，此处早已为缅军占有，便星夜将情报传回。不料，这却正是中了邓大将军的计谋了。原来，邓子龙所命军士扛的竹筒并非汲水之用，而是为了搭建浮桥。就在景宗真自鸣得意前去传递情报时，邓子龙已悄悄率部杀了一个回马枪。他们由西山小路抄到江边，连夜用大竹筒搭起浮桥，神不知鬼不觉又回到姚关，布置好一切，只等假消息一见效，便可以瓮中捉鳖。

本来罕虔是不信大明朝廷会派一个这般胸无城府的将军前来应战的，但等到第二日两军交火，明兵简直可以说是一触即溃，四散而逃，他便渐渐地得意起来，也收起了自己的警惕心。其实，明军的先锋是诈败，他们听从邓子龙的安排，一路上丢盔弃甲，给罕虔造成一种势如破竹的错觉，再加上景宗真的假消息，如此这般，才能顺利地诱敌深入。

十一月初二凌晨，麻痹大意的缅军开始进入邓子龙布下的口袋阵。明军前锋陈信一直假装败退到一处叫做"偃草坡"的地方，忽然开始转身拒敌。此时，缅军的主力已经全部进入峡谷口袋之中，但先头部队因为行军太久，颇为疲劳，导致大批人马滞顿不前。眼见时机已到，只听一声震天的炮响，邓子龙亲率一支中军与左右伏兵杀出。同时三面山上枪炮齐发，火光冲天，飞箭四射。一时间，整个峡谷口袋中狼烟滚滚，兵刃争鸣，杀声遍野，无数缅军负伤阵亡，浩浩荡荡的部队霎时间分崩离析。而他们一向引以为傲的象兵更是成了明军的一柄利器。原来，受到火炮惊吓后的大象会四散奔走，横冲直撞，完全不受人的控制。在这样的庞然大物面前，缅军是触着即伤，踩到即死，也不知有多少人惨遭象脚蹂躏，一命呜呼者不计其数。

激战一昼夜，缅军一路溃散逃窜至查理江边，却发现江上桥梁早已被邓子龙部斩断。向北无路可走，缅军已是瓮中之鳖，邓子龙便不急着让兵士冲上去肉搏，而是命令火铳队围住射击。夜色之下，只听枪声此起彼伏，杀声震天动地。早已如同惊弓之鸟的缅军根本不知道到底有多少明兵正向他们开火，哪里还有反抗的胆量？一时间阵亡者、投水者无数，结结实实地吃了一个大败仗。

次日邓子龙部队打扫战场，共计射杀大头目十余名，景宗真也死在乱军之中。另烧死、杀死、溺水死者有数万之众，俘虏敌人二十四名。此外，生擒大象五只，斩象一只，缴获刀枪盾牌七百一十五件，战马十匹，牛十五只。眼见战果累累，邓子龙意气风发，下令将擒获的大象全部宰杀，奖励给兵士们食用，作为大捷的犒劳。兵士们亦欢欣喜悦，津津有味地吃起烹煮的大象肉。此情此景，邓子龙心生感慨，豪迈之情不可遏制，兴致盎然地写下"烹象处"三个大字，作为留念。

虽然首战大胜，但东路兵马的头目罕虔还没有就缚，对于实现自己横扫缅甸、一劳永逸地解决边境忧患的目标来说，邓子龙仅仅迈出了第一步。那么怎样除掉罕虔这个心腹大患呢？邓子龙心里盘算

邓子龙豪迈之情不可遏制，写下"烹象处"三个大字，作
为留念。

着，若是发兵攻打罕虔的老巢耿马，来回至少需要半个月的时间。且不论将士们长途奔波、以寡敌众十分危险，若是西路的岳凤此时前来偷袭姚关，那就是腹背受敌，岌岌可危了。他决定，对付罕虔只能智取，不能力斗。

说到此处，就不得不提一下莽应里此番进犯云南的借口了。原来莽应里这次出兵，虽然是觊觎明王朝的土地和财富，但两国交战，如此名不正言不顺的理由是不能讲明的。此时，恰好缅甸有一个叫做罕拔的地方官员被岳凤杀死，罕拔的儿子罕进忠便率当地军民投奔了明王朝。自万历十年（1582）开始，莽应里就以擒拿叛徒罕进忠为借口，出兵云南。在明缅双方尚未开战的时候，也曾有人建议过邓子龙说，缅甸向大明开战是为了索要罕进忠，不如就将此人送给莽应里，或许可以换来一段和平日子。对此，邓子龙坚决反对："缅甸向我们要罕进忠我们可以给他，而他们又会要大理，我们是不是同样也给他？他们又要整个云南，我们是否也可以给他？堂堂中国，不能为内奔者做主，还谈什么威服远夷？头可断，罕进忠绝不可给。"

然而现在呢？是否可以用罕进忠此人做一点文章？邓子龙忽然心生一计，他命人去把擒获的景宗材带上来，对他语重心长地说道："前日一战，虽然我方大胜，但你们的主力也还在，如果继续交战下去，必定是两败俱伤，这是谁也不愿意看到的。这样吧，既然你们此次来云南的目的是抓罕进忠，那我们就把此人交还给罕虔将军，之后我们息事宁人，各自退兵可好？你若愿意，就去耿马把这个消息告诉罕虔将军吧。"

景宗材一听有如此好事，便连夜跑到耿马向罕虔报告。罕虔在前一战中吃了好大的亏，心中对此话半信半疑。但他一想到可以不费一兵一卒就捉回莽应里痛恨的罕进忠，立下大功一件，到底还是有些心动，便派了密探到邓子龙的军中打探虚实。不日探子归来，说邓子龙的确已将罕进忠缚于军营辕门之前，确有等待移交之意。罕虔留下其长子招罕镇守耿马大营，自己率领大军往姚关拿取罕进忠。甚至，在行军的路上，他还在想着是否可以趁势拿下姚关，一雪前耻。

可是他却没有想到，自己又一次中了邓子龙的诱敌之计。十二月二十，当罕虔的兵马行至湾甸时，早已埋伏在四周的邓子龙大军忽然杀出，故技重施，用三面包围、火器猛攻的方法将罕虔的军队打得措手不及。他们甚至没有反应过来就死伤殆尽，主力被完全击溃，连同罕虔在内的二十八名头领被明军活捉，邓子龙终于解决了西南边境的一个心腹大患。

接下来的任务是直击罕虔的老巢，也就是其长子招罕盘踞的耿马三尖山，这是阻碍邓子龙向缅甸进军的最后一处障碍。不过，有儒将之风的邓子龙并没有急于进兵作战，而是先向边境各处的部落颁发了《约束土司檄》。因为从近两次的大战中，邓子龙敏锐地觉察到其实有很多部落是不愿意参战的，他们或是为莽应里胁迫，或是被欺骗蒙蔽，这才置身战争。如果能给予这些部落一些实在的嘉奖和赏赐，消除他们对战争的疑虑和恐惧，这些力量说不定就可以为大明所用，这也是在践行邓子龙长久以来一直尊崇的兵家最高境界，叫做"不战而屈人之兵"。

《约束土司檄》一经颁布，果然团结了不少当地的土著部族，大大减少了后方的不安定因素。万历十二年（1584）二月，邓子龙提兵三尖山。他知道，自己离征伐缅甸的最终目标又近了一步。

遗恨西南

　　三尖山山势险峻，地处扼要，近看云深万壑，远观孤峰插云，其中又有无数粮草，水源充足，是一处极好的屯兵守御之所，也是罕虔的老家，由其儿子招罕驻防。在先前的激战中，邓子龙已经擒获了莽应里最得力的手下罕虔，现在只要再把三尖山拿下，那就可以实施他攻入缅甸本土、一劳永逸解决云南边患问题的构想了。

　　邓子龙行军打仗，最忌讳的就是拿兵士们的性命去硬拼硬打。他认为，即便是打了胜仗，但若损敌一千，自伤八百，那绝不是一个英明的将军应该做的事，那样的胜利也不值得任何骄傲。他心中开始盘算，如何用最小的伤亡来拿下三尖山。

邓子龙再一次使出了他最擅长的战略：知己知彼，百战不殆。他先是命人打探清楚了招罕手下兵士的组成。探子回报说三尖山上的军队基本上有三部分，分别是招罕自己的兵马、附近一个叫做蒲人的部落以及招罕从八德部落借用的一支人马。得知此事后，邓子龙心中立刻就生出一计来。他早在进军三尖山之前就听说过这个叫做蒲人的部落，据说这些人每个都有猿猱一般的功夫，可以在山中沟壑之间来去自如，且战斗力很是强悍，不好对付。但蒲人作为军队，缺点也十分明显，那就是极其贪财，他们肯为招罕效力也正是因为收了巨额的佣金，邓子龙想的正是利用蒲人贪财的这一个特点来瓦解这一支力量。他命人偷偷混进蒲人部落，对几个熟悉三尖山环境的人一边以重金贿赂，一边说明朝廷大军势不可当，跟着招罕只能自取灭亡。这条计策果然成功，收了金钱的蒲人非但表示即刻率领自己的手下脱离招罕，还告诉了邓子龙一条连招罕都不知道的从后山攀登的隐秘小路，甚至说攻山当日可以派人给邓子龙军带路。邓子龙听后很是高兴，因为蒲人退出战斗就意味着招罕的势力已经去掉三分之一了。

接下来就是处理从八德来的人马。对身经百战的邓子龙来说，这也不是难事。早在五开卫平乱的时候，他就已经用过一手声东击西之计了。此次他决定故技重施，命几个得力的手下绕过三尖山，去佯攻兵力空虚的八德，并在进军的路上搞得声势浩大，有模有样，大有一朝一夕间就拿下八德的意思。果然，三尖山上的八德守军听到这个消息，纷纷火速下了山，去救自己的老家去了。于是招罕的力量又被去掉了三分之一。

然而即使这样，邓子龙也还没有满足，他一定要在战斗开始前把对手的力量降到最低，这样才可以使自己手下的兵士伤亡最少。蒲人退出，八德军也下山，余下的就只剩招罕自己的人马了。论忠诚度，他们还是要强于另外两支部队的，所以邓子龙想要像先前那样，用计分散他们是很有难度的。他自己也知道这一点，便放弃了使用计策，而是直接打出"皇恩浩荡"的感情牌，发布檄文说朝廷此次前来攻山，只是为了捉拿贼首招罕，与其他人没有关系。只要愿意缴械投降的，朝廷一律不予追究，并且对先前抓到的俘虏也发放了粮食和银两，遣回家乡。三尖山上的兵士们眼见大军压境之下，硬拼是肯定赢不了的，现在朝廷许诺不杀且加以优待，果真又有一部分人偷偷地跑下山来投降。至此，邓子龙尚未动手，就已经将招罕的力量削弱了一大半了。

招罕眼见自己的手下一波波地下山，兵力减少很多，只能收缩防守范围，将主力全都聚集在三尖山顶。邓子龙得知此事后，认为时机已经成熟，因为山顶处虽然易守难攻，但同时也会让贼人们失去周旋的余地，只要自己带人在山脚下堵住口子，再派人从后山蒲人熟知的那条小路冲杀上去，拿下招罕便是顷刻之间的事情。最重要的是，这样打仗绝不会有很多的伤亡，这也是邓子龙最在乎的事情。

万事俱备后，邓子龙下令官兵于二月十一晚从后山夜袭招罕。那时招罕还正在大寨中盘算着，自己纵然损失了很多兵力，但凭着三尖山的天险，官兵依然很难攻上来。岂料仅仅片刻后，营寨外面忽然杀声四起，险些将他从椅子上惊跌下来。继而就见火光冲天，硝烟弥漫，因火光而受惊的大象和战马在三尖山顶肆意践踏，来回奔腾。山顶本来就不宽阔，被大象和战马这样横冲直撞，很多人躲无可躲，藏无可藏，就坠入了万丈悬崖，而侥幸躲过的，也被邓子龙的火铳军打得屁滚尿流，一时间死伤无数。

招罕做梦也没想到邓子龙军居然会从后山杀上来，此时他也知道了在山顶安营扎寨的一个坏处，那就是一旦遇到突袭，根本没法展开阵型反击，只能选择趁着夜色下山逃命。可是山下哪里还有退路，刚一到路口，立刻就被早等在那里的邓子龙擒获。至此，邓子龙终于扫清了他进攻缅甸的最后一个障碍了。

就在邓子龙擒获招罕时，另一位朝廷派来的将军刘綎也赶来与他合兵一处了。邓子龙与刘綎的父亲刘显曾在闽广剿寇时并肩作战，所以对刘綎也不陌生，二人见面先是一阵寒暄，之后就开始商量下一步的计划，邓子龙率先说道："现在罕虔已被除掉了，莽应里手下只余下一个岳凤，刘将军可有什么好计策？"

"岳凤是个贪图小利的无能之辈，邓将军大可不必将他放在眼里。现在我有一个更大的计划，不知老将军如何看待。"刘綎意气昂扬地说道。

"刘将军说来听听。"

"缅甸屡次犯我边境，究其祸根，乃是在于朝廷每次都除恶不尽，故战事才像春风野草般吹之又生。依着我的想法，此番应该趁着时机一路打到缅甸去，派驻军，立衙门，把它彻底变成大明的疆土，这样才能让西南真正安定下来。"

邓子龙听后双目闪闪，极其兴奋地说道："刘将军与我真是想到一处了，我也正是想趁着这次机会一举踏平缅甸，这样才能一劳永逸地解决战事。否则两国如此相近，断不可能不起刀兵，无论是将士们的性命还是朝廷的银子，都要白白浪费许多啊。"

"既然老将军也有此想法，那我们此次就合力破缅。我率部队一路进军，老将军就在我两侧和后方作为掩护，不知意下如何？"

邓子龙听出了刘綎话里的意思。他说他率部队一路进军，那自然就是说所有的功劳头一名都是他刘綎的了，自己打掩护，论功时肯定要退居其次。邓子龙早先已听说过刘䋲此人虽然打仗是个好手，但好大喜功的脾气也十分突出，今日一见，果然名不虚传。只是想想自己已经年逾五旬，要向上再封官职的确有点困难，而刘䋲不过三十出头，正是建立功勋的最好时候，邓子龙也就决定不和他争抢，让他去拿这首功。

只是在进军缅甸前，二人还需要先破了岳凤这一关，在具体的战术上，邓子龙当然还是要以减少伤亡为本，于是问道："刘将军对破岳凤，可有什么看法？"

"那人是个草包，随便怎么对付都不是我们的对手。老将军有什么想法，就按你的来吧。"刘䋲见邓子龙有意让头功给自己，心情大好。

"我的意思，硬攻不如劝降。岳凤也是个贪财小人，更没有一点将领风骨。他知道罕虔已经被灭了，心里一定怕得很。我们就利用他的心理，先率大军压境，然后派使者跟他谈条件，许以不杀，我想他多半会不战而降。"

刘䋲哈哈大笑道："早听说邓将军爱兵如子，素来奉行不战而屈人之兵，今日果真是见识到了，就这么办吧。"

事情果真和邓子龙预想的一模一样，那岳凤听到罕虔全军覆没的消息后，早已经吓得坐立不安了，等再听到大军压境，更是恨不能立刻逃跑，现在见朝廷居然有意招降，许诺不杀，是连一刻也没有犹豫，当即就选择大开城门，迎邓子龙、刘综二人入城。不仅如此，那岳凤为了表示自己归顺朝廷的忠心，居然主动要求跟随邓子龙大军一道进攻缅甸本土。鉴于他对那边很是熟悉，甚至和很多缅甸将军关系不错，刘邓二人决定带上他一起进攻缅甸，让他做一个说客，从而尽量减少两军之间的正面冲突。

令刘邓二人都没有想到的是，岳凤此人在他们进攻缅甸的战斗中的确发挥了奇效。在行军至缅甸境内第一处大据点阿瓦之前，凭着岳凤的游说，主动缴械投降的缅甸部落竟有四五个，明军甚至没有打过一场仗，就已经来到阿瓦城前。然而就在要攻打阿瓦的前夕，邓子龙和刘综却忽然接到云南巡抚刘世曾的信件，让他二人速速押解岳凤至昆明，皇上准备在北京处死此人。

这一个变故着实让邓子龙猝不及防。他和刘綎二人许诺不杀岳凤之事早在劝降时就已经跟刘世曾说过了，而且得到了肯定的回复，现在如何要出尔反尔，杀死岳凤？其实这一切都是刘世曾搞的鬼。他为了邀功，就在呈送给皇帝的战报里写了此人是在阵前生擒。万历皇帝看了以后很高兴，决定在北京搞一个仪式，大张旗鼓地处置叛贼。然而这难住了邓子龙和刘綎二人，就如何处置岳凤的事情，他们讨论了一番。

"我的意思是不能把岳凤送到昆明去。刘将军也看到了，这一路看下来，此人非但对缅甸的山川地理很是熟悉，甚至还能帮咱们劝降很多部落首领。而且，那些小部落之所以愿意归顺投降，正是因为看见了岳凤现在的样子，朝廷许诺优待是真的优待。如果现在把岳凤押走，作战的难度会大大增加不说，那些部落首领一定会觉得我们出尔反尔，不能相信，就没有人愿意投降了。"邓子龙先说了自己的想法。

刘綎附和道："我与老将军想法一样。现在交出岳凤，不是在打你我二人的脸嘛？人无信不可立，既然许诺了投降不杀，就不能出尔反尔。将在外君命有所不受，我们不要理会那个刘世曾。"

二人商议既定，就由邓子龙修书一封给刘世曾，陈述了其中利害，岳凤不能交出。之后大军准备攻打阿瓦城。阿瓦城主是莽应里的叔父，叫做猛勺，此人与岳凤也有些交往。他知道岳凤已经在明朝的军队之中，并且一路上已经劝降了很多部落，心中的战意先就少了几分，后又见莽应里的援军迟迟不到，竟然也放弃了抵抗，大开城门迎接大军入城。

阿瓦是缅甸的门户，一旦得到此处，邓子龙和刘綎只需要兵分两路，水陆并进，拿下缅甸的不世之功唾手可得。可那利欲熏心的刘世曾根本不理会这场战役的重要性，他也对一劳永逸地解决边患不感兴趣，竟再次派来信使让邓子龙、刘綎二人押送岳凤到昆明。此次他的语气十分强烈，而且影射刘邓二人存心包庇岳凤，欲借缅甸之地，图谋不轨。原来这岳凤也是江西人，恰好和刘綎、邓子龙二人同乡，他这一招很是恶毒，是用同乡之间相互包庇的把柄，把掉脑袋的大罪往邓刘二人身上推。这样一个近乎谋反的天大罪名扣过来，饶是邓刘二人再有保岳凤的决心，也是无力抵抗。

刘綖年轻气盛，居然抓起这道文书直接掷在地上，愤怒地说道："这个狗官，眼里除了自己的荣华富贵，还有一点别的什么嘛！邓将军，我们不交岳凤，所有后果，刘某愿一力承担。"

往小了说，交出岳凤是自己失信于人，往大了说，那就是征服缅甸之役将要功败垂成。眼看缅甸全境就要归入明朝版图，邓子龙又何尝愿意放弃这稍纵即逝的、换来长久安宁的机会？可刘世曾这一手的确是打到了他们的要害，若是继续领兵向前而不顾，只怕万历皇帝真会觉得他二人有割缅甸而自立的不轨之心。看看宋朝的岳飞，若君臣之间真的发展到那种相互猜疑而不信任的程度，对于明王朝的损害，恐怕要远比不能平定缅甸重得多。思前想后，邓子龙只能做出一个痛心疾首的决定：把岳凤绑了，押赴昆明。刘綖还太年轻，有时难免意气用事，而已过了知天命之年的邓子龙就必须做出一个对君对民来说都最负责任的选择。他仰天长叹："就差最后一步了，实在是可惜，可惜。"

岳凤被绑走的消息一传开，明军在缅甸部落里顿时就失去了威信，原本投降的首领虽然没有主动引战，但也纷纷不再示好，如果还要孤军深入，邓刘二人将会腹背受敌，凶多吉少。在这种情况下，他们只能选择退兵。邓子龙心里很清楚，这一退，他踏平缅甸、解决边患的设想可能此生都难以实现了。

　　在一片遗恨之中，邓子龙率军撤出了缅甸。

解甲归田

轰隆隆一阵闷雷滚过层霄，就连林中树叶也被震得焦躁不安，簌簌发着抖。炫目的闪电勾连起墨密的愁云，天际霎时开满火树银花，映衬出昆明城的轮廓。时值万历二十一年（1593）五月的一个早上，眼见一片风雨即将卷来，邓子龙却只能孤独又无奈地带着几名家将和家丁踏上返回江西丰城老家的道路。

就在之前不久，横戈立马滇缅长达十年之久的邓子龙被万历皇帝下旨罢黜所有官职，遣回原籍。虽然他已年逾六旬，心里也的确萌生了解甲归田的想法，但这种失去了功劳与荣光的返乡方式着实令他心痛不已。可是又能如何呢？朝纲崩坏，小人作乱，自从到了云南以后，邓子龙似乎无时无刻不在品尝着无可奈何的滋味。

说起来，万历皇帝下旨强命邓子龙解甲归田是因为两件事促成的，第一件是万历十七年（1589）的姚安兵变。就在邓子龙和刘綎击溃莽应里大军后不久，云南逐渐安定下来，因此，就有不少文官开始向朝廷建议，要施行"汰兵省将"的制度。这个制度实际上就是要通过裁减一大部分兵士和将领来减少朝廷的军费开支，解决王朝的财政困难。万历皇帝在听取了各方意见后，同意了这个制度，导致云南的粮饷配额骤然减少，邓子龙手下的姚安营和腾冲营甚至连续七个月没有发放月粮。那些兵士都是出生入死、保卫王朝的英雄，现在居然连基本的温饱也不能给他们，生出些异心也是很平常的事情。

只是这可苦了邓子龙了。兵士们无法直接和那些建议"汰兵省将"的文官对话，更不可能直接去找万历皇帝，他们能依靠的就只有邓子龙一人，就派出代表和邓子龙商量此事。

"邓将军，我们从五开卫时就随您出生入死，已经过去十年了。现在朝廷一道旨意说要什么汰兵省将，这不是要把我们往绝路上逼吗？您可要帮帮我们。"

的确，姚安营里有很多人都是邓子龙手下的老兵，他们即使称不上战功赫赫，却也是随自己出生入死，从硝烟弥漫中爬过来的。面对他们极其正常的要求，邓子龙心中是一万个想帮忙，却使不出一点力量。

见邓子龙沉默不语，兵士们更加咄咄逼人起来，说："我们听说姚安和腾冲两营只能留下三千人，可是我们现在一共有七千人，那么到底是谁去谁留呢？遣散的人是否该发一笔遣散费，遣散费又是多少？"

"是啊，朝廷这样，我们也不想留在这里了，还是早早拿一笔钱回家的好。"

"缺我们的七个月粮饷也可以不要，我们只要遣散费，然后回家。"兵士们七嘴八舌，空气中火药味渐渐浓了起来。

面对此情形，邓子龙真是如同被油煎一样，心痛不已。他既恨不能替手下士兵做出哪怕一丝一毫贡献，又恨那些只顾财政而漠视边境治安的文官，更恨朝廷居然连遣散费都不发一文。可是他又有什么办法？只能回答道："邓某知道大家追随我多年，出生入死，功劳卓著。你们的遣散费，我一定奏明朝廷。大家还需再耐心等待一段时间，切勿因为一时意气，一失足成千古恨。"

这些士兵还是相信邓子龙为人的，姚安营中也暂且平静了下来。可是他们哪里知道，邓子龙虽然的确爱兵如子，刚正不阿，但在这种朝廷大计上，却没什么说话的资格。邓子龙去找巡抚萧彦，但后者却一推再推，不置可否，最后竟以巡抚的名义直接出了一张姚安腾冲两营兵士只留三千、余下立刻就地解散的告示。

这一举动着实激怒了兵士们。腾冲营还好，那姚安营因为素来与邓子龙关系更亲近，平日就略微骄纵一些，见到此告示后，登时就有一大波人要去讨个说法。邓子龙闻听姚安营士兵有哗变之意，连忙前去阻止，但士兵们的一句话却如同匕首一般直插入他的心窝，说："邓将军，您的为人我们素来钦佩，也知道您也是一片好意，可是我们都是有家要养，有饭要吃的呀。您是一省参将，理解不到我们的苦处。我们话也说到这里，今日如果没有一个说法，没有遣散费，我们还凭什么听您的，凭什么听朝廷的？"

如果邓子龙只是为自己前途着想，他完全可以从别处调来军队，强行用武力镇压姚安营哗变的。无论何种原因，军队哗变，主帅必究过错，也就是说，今日一旦姚安营发生兵变，邓子龙无论如何都逃不脱严厉的惩罚。可是看着眼前这些随自己出生入死的兄弟，他们明明只提出了最基本的要求，邓子龙如何能够下得去手，如何能够为了自己的前途而对他们操起兵戈？他先前已为此事日夜操劳，现在眼见兵变在即，心急如焚，竟眼前一黑，仰面栽倒。

待他再醒来时，已经接到了巡抚萧彦对他的停职处分，并命其自我软禁，不得出门，他就只能从旁人的口中得知兵变的事情了。据说萧彦为了保住自己的前途，居然采取了极其卑鄙的手段处置兵变。他先以发放九个月月钱作为遣散费为借口，将姚安营士兵诱骗到城中，待他们卸盔解甲、各自四散时，又在城东百里外的杨树林设下埋伏，一举杀死姚安营兵士两千多人，余下幸存者也流落他乡，无比悲惨。

只是邓子龙还没来得及为自己死去的手下伤感痛心，向他问罪的诏令就已到了。云南巡抚萧彦向万历皇帝拟了邓子龙七条罪名，似乎想一举把他打入万劫不复之地。邓子龙看了萧彦的条陈后，自问光明磊落，再加上对萧彦卑鄙之举的愤怒，毅然决定和他对簿公堂。

对簿当天，他长身而立，对着所有在场的朝廷大员凛然而谈，将萧彦所列的罪状一一驳回："你说我不许士兵自行用银买米是为了克扣米钱，但你可知白米价格涨落随时，用银钱自行购买很容易让把总等人有贪污的机会。我命人统一购买既加快了行军效率，又减少了腐败滋生，这一点有永昌知县漆文昌可以作证。再者你说我曾在思化接收金银贿赂，但我是当场就呵斥退回了的，当时在场的多思顺、李通都是亲眼所见。三者你说叛军黎京桂检举我克扣朝廷发放他的戍边奖赏，后经查实，他根本没有参与姚关、湾甸、三尖山任何一场战役，哪里来的奖赏？四者你说军士家属检举我每月月粮都要自行占有一部分，可这么多年来连抚、按二院都没有提及此事，几个妇人之言怎能轻信？五者你说我时常以王骥自比，大发牢骚。可他是个文官，我是个武将，所从之业千差万别，实在是无稽之谈。六者你说我挖了别人的坟墓，破坏别人风水。可是我又不在此建家立宅，有何理由去挖人祖坟？最后你说我在云南强抢民女，逼良成婚。可我所纳齐、施两妾俱是明媒正娶，且已送回江西老家，连子嗣都有了，这简直就是欲加之罪了。"

七条罪状，七条辩驳，邓子龙一气呵成，坦荡凛然。可是尽管如此，朝廷对他的处分仍然不变：邓子龙对手下约束不严，导致兵变，夺职居家，以观后效。

如果说姚安兵变只是让万历皇帝下旨命邓子龙解甲归田，那么接下来发生的第二件事可是实实在在地把邓子龙打入了万丈深渊。

就在邓子龙被夺职不久，本来已经平静下来的云南边境再次燃起战火，缅甸的莽应里又举大军前来骚扰，还夺回了很多先前被邓子龙等人攻下的城池。面对来势汹汹的强敌，朝廷不得不重新起用邓子龙。邓子龙一听国家有难，亦是不计前嫌，立刻奔赴前线作战。莽应里一听对面主将竟然又是邓子龙，吓得连夜就撤了军，明朝军队便一连打了几个胜仗，邓子龙也因立下战功，准备奉旨调往江浙一带的金山去做参将。可谁能料到，就在邓子龙要离开云南的前夕，那莽应里居然又重整旗鼓杀了回来。正当邓子龙准备再赴疆场退敌卫国时，却得知了一个消息，那就是新来不久的云南巡抚吴定和御史冯应凤居然想找人和莽应里谈判，用孟密、孟养和蛮莫三座城池的控制权来换取缅甸退兵。

得知此事的邓子龙登时气得浑身发抖，要知道，这里的每一座城池可都是他亲自指挥着将士用无数鲜血换回来的，现在这两个人为了偏安一隅，居然要把它们拱手让人，天下绝没有这样的道理。他跑到巡抚吴定的府上，质问道："末将听说巡抚要拿三座城池来换莽应里退兵，可有此事？"

吴定见纸里包不住火，只能承认说："我知道邓将军素来作战英勇，绝不会怕什么莽应里。可是你想过没有，连年征战，扬威的是朝廷，可苦的是咱们这些边境省份和官员呐。打仗要花钱，云南省的财政早就已经捉襟见肘了，即使我们打退了莽应里，又能得到什么实际好处呢？依我看，不如息事宁人的好。"

邓子龙勃然大怒，说道："大人话说得简单，可知道这三座城池是用官兵们的鲜血换来的？你现在怎能说给就给？况且，若要解决边患问题，就应该领兵直击缅甸本土，这才是一劳永逸之道。否则你今日给他三座城池，明日他再要两座，后日还要两座，是不是要把云南全都给他莽应里？"

他盛怒之下，话中颇有威严，竟把吴定吓住了。的确，交割三座城池的控制权兹事体大，即使是云南巡抚也不敢妄加定夺。接下来还是邓子龙迎战来犯之敌。

然而这一次的战斗却远比之前来得更加激烈，难度也增加了不少。由于汰兵省将制度的施行，明朝军队的战斗力大为减弱。邓子龙纵然有丰富的作战经验，但凭着一群战斗力低下的士兵，想要力挽狂澜实在过于困难。万历二十年（1592）十二月，邓子龙先后率军与莽应里激战于控哈、蛮莫河、沙洲等地。结果是前两战双方打得有来有回，但沙洲一战，明军开始明显地处于劣势。

按道理来说，胜败乃兵家常事，明军由于军费开支少，战斗力骤降是必然的事实，失败的责任并不能完全怪到邓子龙头上。因为上次被邓子龙出言顶撞，巡抚吴定和御史冯应凤对他就一直怀恨在心，因此借着此次战事不利的把柄，这二人竟然向万历皇帝列出了邓子龙的十可疑之罪，分别是：夸大军情、久扎不战、纵缅逃脱、虚报军功、讳拒差官、拖延哨探、党结思化、潜通囊翁、听贼出入、巧言饰过。这一次指控甚至比前次萧彦所列的七大罪状更加令人触目惊心，无论哪一条都足以让邓子龙立时交出兵权，革职回家。要知道明朝的御史是可以"风闻奏事"的，即听到传言风声就可以随意检举而不受任何责任追究。先前得罪了冯应凤的邓子龙现在被前者拿住了把柄，哪里还有轻言放过之说？

万历皇帝因为上次姚安兵变之事，心里对邓子龙已经不甚满意了，现在又见他作战不利，遭人弹劾，也就不多问，当即批复将邓子龙夺职发回原籍。上一次被参尚有对簿公堂的机会，可这一次邓子龙却连一句辩白的话都不能说，只能是无奈奉旨，解甲归田，结束了他在滇缅十年的疆场生涯。

临别云南前，他写下一首诗送给与他同乡的邹大绶。此人随他一路征战至此，本来很有希望有所建树，但随着自己此次遭到罢黜，邹大绶的前途恐怕也要变得渺茫起来。邓子龙在此诗中将对他的遗憾和自己心中的愁闷尽数表达：

邹生大绶诚青年，随予血战身披坚。
持铳操炮可攻城，调弓理箭能控弦。
嗟尔功成不受赏，惜哉羽丰难翔天。
且随老将归田园，再来南北扫烽烟。

起复东征

  万历二十六年（1598）二月廿三，严冬刚过，春回大地。虽然天气有时尚乍暖还寒，但邓子龙家的庭院里已经是海棠吐蕊，桃李争妍，端的是一派大好风物，景象绝佳。只是，面对这一片美景，邓子龙却丝毫没有静心玩赏的兴致，只见他面色凝重地来回踱着步，似乎有满腹的心思，时不时还发出一声长叹。正在花园里初习武艺的小儿子邓大冈听到父亲的叹息声，便跑过来说道："阿爷，朝廷打仗的事情，还是没有动静吗？"

  邓子龙见年仅十二岁的幼子也如此有心于家国大事，不禁稍感宽慰，抚着他的头，笑着说道："难得你小小年纪也知道这些。是啦，朝廷那边还是没有消息。"

邓大冈说道："每天听阿爷和几个兄长说到此事，我也该知道几分啦。阿爷莫急，兴许是前线的将军们打了胜仗，朝廷这才无需阿爷出马呢。"

邓子龙和蔼说道："那我们大冈以后也要做一个像他们那样能打败倭寇的大将军。顶天立地，保家卫国，才是男儿本色呀。"

邓大冈也正色说道："好，那我继续去练武了。"

邓子龙笑着挥挥手，待目送邓大冈转身离去后，脸上的愁容却又重新现了出来。他方才虽然嘴上说得轻巧，但那只是趁此激励一下孩子而已。他心里明镜儿似的知道，朝廷这次的仗，可不会那么好打。

原来，早在六年之前，日本关白丰臣秀吉就开始大肆举兵进犯朝鲜。朝鲜作为大明的附属国，在不敌日本的情况下，只能向明朝廷求救，由此便拉开了明朝和日本长达数年的战争的序幕。几年之内，两国或兵戎相见，或议事和谈，一来一往之间，也曾有过重归和平的契机。只是没料到，充当中日谈判使节的沈惟敬本是个地痞无赖，他为了攫取利益，竟然在两国交涉时左右逢源，使出瞒天过海的诡计。他一方面告诉朝廷说日本已经答应了所有的条件，要投降来做大明的附属，另一方面，在面对丰臣秀吉时也说了同样的话。因此，两国国主都认为对方颇有诚意，各自派出使团议和。

但伎俩终究是伎俩，待得双方正式见面议和时，那必然是纸包不住火的。而且，在真相大白以后，他沈惟敬的西洋镜被拆穿事小，两国之间再无议和的可能事大。果然，丰臣秀吉得知此事后勃然大怒，于万历二十五年（1597）二月廿一举兵十四万再次侵犯朝鲜，且刀锋所指，明显也在觊觎着大明的疆土。

朝鲜与中国自古便是唇齿关系，俗话说唇亡齿寒，面对来势汹汹的日本，明朝必须做出反击。最终，明廷决定任命邢玠为总督，征调十万大军援助朝鲜。由于日军是跨海而来，且朝鲜海岸线也很长，所以海上作战的时候就会很多，在这种情况下，明军能否有一支精良的水师就显得尤其重要了。

经过一番人员的任命和调度，最终担任水师总兵的是陈璘。但意外的是，陈璘的副总兵吴广却被安排到陆军中去效命了，水师副总兵的位子就空了出来。一支军队如果想要有出色的战斗力，上下建制齐全是最基本的条件，缺了一个副总兵，势必大大影响兵士们的进退攻防，因此兵部就向万历皇帝上书，要选一名富有海战经验的将军担任副总兵的职位。

其实，兵部此次的意图十分明确，他们就是想要让功勋卓著且擅长海战的邓子龙出任副总兵，甚至在上书时就直接点了他的名字。而万历皇帝本来也对邓子龙有颇高的评价，稍加斟酌后便允了兵部的请求，命邓子龙率领旅顺等一干水营，以副总兵的身份出海作战。

只是兵部的这一条提议晚至万历二十六年（1598）二月廿三还没有传到邓子龙耳中，所以他还忧愁地在庭院里徘徊叹气。他知道日军的战斗力颇为强悍，前线的战斗十分吃紧，也早在几个月前就写信找内阁次辅张位毛遂自荐了。对邓子龙来说，什么总兵副总兵的位子根本一点也不重要，只要能上前线杀敌，为国效命，哪怕只是一个区区的马前卒，他也会毫不犹豫，欣然接受。可是这一封信竟像是石沉大海一般，渺无音讯。他盘算着，若是张位收到这封信而有所行动的话，大概这几日也该有个结果了。然而眼见时间日复一日地过去，朝廷那边依旧是毫无动静，叫这位心怀家国天下的老将军怎能不心急如焚？

就在他愁肠百结之时，忽听得门外一阵喧哗，竟是朝廷的诏旨到了。邓子龙喜出望外，连忙出迎。果然，这一道旨意并没有让他失望，正是兵部让他准备出海作战的预备通知。也就是说，只待万历皇帝正式批准后，他便可以如愿前往一线杀敌卫国了。此时，距离他解甲归田已经过去五载春秋了。

看着这一封诏旨，邓子龙虽然身还在江西，但他的神思却早已飞到了万里之外的汪洋之上，想象着乘风破浪、斩敌头颅、捍卫疆土的那一番酣畅淋漓，当真是喜不自胜，禁不住地仰天大笑起来。大冈听到父亲忽然开心而笑，问道："阿爷，可是有什么喜事吗？"

邓子龙欣然说道："儿呀，朝廷已下了旨，阿爷终于要出海打仗了。"

大冈说道:"有阿爷出马,定会把贼人杀得片甲不留。"

邓子龙得偿所愿,心情大好,取了宝剑来对大冈说道:"儿呀,阿爷今天再教你一套剑法如何?"说着就听"呛"的一声吟响,一道寒光破鞘而出。继而便见邓子龙之剑势当真是龙飞凤舞,万马奔腾,锋芒所指,锐不可当,直激得周围花木也簌簌作响。大冈望着老当益壮的父亲,眼睛里充满了仰慕的神情,但同时他的心中,也很是舍不得和父亲离别。

到四月初二,万历皇帝的旨意也到了邓子龙的手里。启程这天,四个儿子与父亲依依不舍。邓子龙自己又何尝忍心与家人天各一方,北上远征?但他的家国之心却战胜了儿女私情,他抚着儿子们的头,笑着说道:"先前教给你们的诗可还记得?"

大儿子当先背了出来,说:"天地正气,人生乎间。昂昂七尺,光景之难。勿作浅近之态,勿为儿女之颜。纲常节义,重如丘山。"

邓子龙说道:"这就是了。为父今日的出征,便是践行此诗呀。他日你们长大成人，亦当如此。"

离家之后，邓子龙先取道浙东，从舟山处接管了一支水师，继而领兵北上，于当年十月十二抵达朝鲜顺天海面，同陈璘汇合。陈璘与邓子龙在闽广剿寇时便已相识，虽然他此刻身为总兵，官位比邓子龙高上一级，但他心中对邓子龙的勇猛善战颇为敬仰，且邓又年长他一岁，故而两人一相见，陈璘便亲热地抱拳拜道："邓兄请受小弟一拜。"

邓子龙见状，连忙将他扶起，说："总兵大人这是作何？你我虽然相识已久，但此处是在军中。军纪需要严明，战士方能奋勇杀敌。你是总兵，我是副总兵，位置是不能颠倒的呀。"

陈璘也真诚地说道："那以后若遇公务场合，你我再以上下级相称。咱们单独相处时，还得容许我叫你一声邓大哥呀。"

邓子龙颇为严肃地说道："好，只有你我时，咱们可以兄弟互称。若遇外人，却万万不可。否则上下纲常一乱，对作战大大不利。"

陈璘说道："多年不见，邓大哥还是一心想着家国天下，一点也没有变。不知此次有何御敌良策？"

邓子龙略皱着眉头说道："日本兵士作战本来就颇为勇猛，海上打仗更是他们所长。依我看，眼下之计只有一面加紧操练，一面多派岗哨查悉敌情，待找到好的机会方能一举杀出。若是在我方毫无准备的情况下与他们海上遭遇，短兵相接，恐怕是占不到什么便宜的。"

此后不久，果然给邓子龙等到了绝佳的出兵机会。原来，就在当年七月初九，发动这场战争的始作俑者丰臣秀吉病死于大阪，接替他掌握大权的便是江户幕府的开创人德川家康。家康政权初立，亟需稳定自己在国内的统治，所以一心想从朝鲜这一片泥沼中拔足而出，于是下令要将外出征战的将领全部召回。日军的这一举动被明军探子得知，邓子龙敏锐地觉察出这正是一个击溃日军的好时机，只要能在其撤退途中的一处险要关隘或海口设下埋伏，届时一拥而上，即便不能全歼敌人，也能令其元气大伤，数十年内不敢再来。

不过，邓子龙等人得到确切消息的时候，其实已经略略晚了一些了。当年十一月十七，驻守东路的日本大名加藤清正已经率领数万军队撤出了蔚山岛，且没有遭到任何的干扰和阻截。中路的小西行长和岛津义弘等人也在密谋不日开拔，返回日本。要知道，在明朝的一干将领中，像邓子龙这样想要从根本上对日军打击的实在为数不多，大部分将军，包括水师总兵陈璘在内，都只想着能把日寇赶出朝鲜，求一时安稳即可。在面对日军分批撤兵时，明朝军队并没有做强烈的阻拦，大部分日本舰船都轻松地脱离了战场，只有小西行长一支在撤退的途中为明朝水师截断，处在进退两难之地，境况岌岌可危。

为了能全身而退，小西行长想出一条缓兵之计。他一面修书给水师总兵陈璘，说若能对自己网开一面，就送上一千颗日本士兵的首级让他向明朝廷邀功，另一面又同时派人向岛津义弘报信，让他趁此时间速速返航相救。若是遇到邓子龙这样的将领，小西行长的计谋必然会被当场识破，然而陈璘此人生性好大喜功，竟然相信了他的话，真的守在水师大寨中按兵不动，等着一千颗首级送上门来。

可邓子龙心里想的却不是拿着区区一千颗首级邀功之事。他眼见加藤清正已经安然离开，但己方兵士却毫无追击之意，心急如焚，跑到陈璘的中军大帐中问道："总兵大人，东路的加藤清正已经全部撤回了，现在小西行长也在伺机突围逃跑，我们此时不出兵追击，更待何时？"

陈璘却悠闲地说道："邓将军稍安毋躁。那小西行长已成了瓮中之鳖，他答应送本总兵一千颗敌首过来换其全身而退。想想看，这样咱们就能不费一兵一卒换到如此硕果，岂非大好事？"

邓子龙心知陈璘本来就并无全歼日军的心思，只是想争个功劳，好图着回朝后享受安逸生活，但他却没想到此人竟会天真到相信小西行长的话，便坦诚进言道："总兵如何能相信这种鬼话？这摆明了就是小西行长的缓兵之计。他是用此借口拖延时间，好去向岛津义弘求救啊。若这样就白白放弃了剿灭他们的机会，那不但放虎归山，后患无穷，总兵也会被后人传为笑柄的！"

陈璘还是有点将信将疑，说："就算小西行长是故意拖延，那邓将军何以就能预见那岛津义弘会来救援？我军已经设下重重包围，他一旦回来，再想要脱身可就难了。"

此时，大帐中还有另外一名朝鲜水师名将，叫做李舜臣。听了陈璘的话，李舜臣说道："据我所知，倭寇之间向来比较团结。那岛津氏手握重兵，骁勇善战，多半不会置同伴于不顾。一旦他得到消息，必会回救。届时再想要拦截他们，只怕免不了一场恶战。"

陈璘听了此话，尚在犹豫，却听帐外有人来报说我军拦截到一艘日军使船，船上之人说是去请小西行长女婿来，有事与之商讨。邓子龙当即说道："总兵，这不就是司马昭之心吗？这艘使船的目的必是小西行长在向岛津义弘求救。"

到了这里，也不由得陈璘不相信邓子龙的话了。他问道："邓将军的意思如何？是否截下此船，立时出兵围剿小西行长？"

邓子龙略一思忖，忽然道："不，我们先放这艘船走，去给岛津义弘送信。"

李舜臣惊讶地问道："莫非邓老将军是想连岛津义弘一起剿灭？"

邓子龙笑着说道："正是如此。小西行长想要缓兵求援，咱们不如就将计就计，待岛津回救时，把他也引入埋伏圈，并剿灭之。"

李舜臣语带钦佩地说道："邓老将军英雄气概，在下佩服。"

陈璘素知邓子龙是想从根本上打击日本军队的，而且因为此前自己处理小西行长时已经失了一策，所以现在对邓子龙提出的战术他也就不好再有异议，于是笑着说道："李将军，你可不知道，邓老将军的胃口一向是很大的，那么就按邓将军说的办吧。"

邓子龙又请命道："请总兵任命我为此一战的先锋。"

陈璘道："此战虽说是埋伏围剿，但那岛津义弘一来，敌寇数量也不会很少，前线总是有危险的。邓将军不如稳坐钓鱼台，等着看日军落败岂不更好？"

但邓子龙心中却只有上场杀敌一个念头，再三坚决请命。陈璘无奈，只能命其为先锋，负责此次围剿，李舜臣从旁策应，并拨出整个水师里最好的三艘舰船，尽量保证老将军的安全。

果然，岛津义弘接到小西行长的消息后，星夜领兵回救，于十一月十八夜在露梁津海峡会师。露梁津海峡两侧壁立千仞，高耸入云，其下则水道狭窄，激浪汹涌，是日军回撤的必经之路。邓子龙同手下参将们连夜勘察周边所有地形后，决定率军埋伏于此，只待日军集结，便关门围剿。

十一月十九凌晨，露梁津海峡正是月挂西山，山影倒海，半边微阴。如此静美的风物让刚会师不久的岛津义弘和小西行长自以为已经偷渡成功。然而，当战船行至海峡中间处时，忽听得周遭喊声四起，其势之大，就连瀚海也给震得焦躁不已，疯狂地翻涌咆哮。登时又见远处火光冲天，早有数不清的明军战船从四面八方杀过来。岛津和小西二人终于知道是中了计，且已无路可退，只能鱼死网破，与明军搏杀在一处。适时，双方火炮齐发，弩矢乱飞，刀光剑影，不可开交。一片狼烟之中，又见有三艘巨船破浪而来，一路将日军的小舟碾得七零八落，溃不成军，正是邓子龙所乘的帅船到了。

此时的日军因为全被逼上了绝路，打起仗来竟然有种舍生忘死的气势，其战斗力之强悍简直是前所未见。邓子龙见状心中很是着急，他生怕放走了一个敌人，便对身边的家将说："你留在船上坐镇，我要乘朝鲜的小船进入敌阵冲杀。"

家将大惊失色，说："老爷，不可啊。您身为堂堂主帅，怎能犯险深入敌营，还是留在主船上督战最为妥当。"

邓子龙斥责他道："我乃此役的先锋，若留在大船上观战，岂不愧此名号？无需多言，我的话即军令，你难道不听么？"

邓子龙既说出此话，那家将也只能兀自着急，却没有办法再行阻拦了。只见邓子龙点齐二百精锐士兵跳上一艘朝鲜小船，一路激浪而行，杀入乱军之中，手中长剑过处，倭寇纷纷应声倒地，一时间连海水都被染透成红色。

倭寇眼见对方忽然来了一个虽然年迈却威风凛凛的将军，也把他的身份猜了个十之八九，一时间主力部队全都朝着邓子龙的座船聚拢而来。邓子龙不慌不忙，沉着应对，剑起时杀气腾腾，剑落后紧守门户，整个人便如同汪洋之中的砥柱，任凭风吹浪打，自是岿然不动。因此虽然前来围攻他的敌人众多，一时间也难以近身。

　　老将军虽然吃痛，但脸上却丝毫没有改色，他大喝一声，
继续奋力杀敌。

不幸的是，此时双方正值乱斗，明军之中忽有火箭误发射中邓子龙的座船，致使他身边登时燃起一片大火。倭寇见状，重新集结第二波攻势朝着老将军而来。邓子龙虽早将生死置之度外，但为烈火所困，身手大受限制。几个回合冲杀后，忽觉左腿一凉，已是中了倭寇一枪。待杀死左近的敌人，从右边过来的敌人又有两枪刺入他的右腿。老将军虽然吃痛，但久经风霜、坚如磐石的脸上却丝毫没有改色，他大喝一声，继续奋力杀敌，一直战到全身各处血流不止，最后倒在了日军的火铳之下，享年六十八。一旁策应的李舜臣见到邓子龙遭遇围攻，意图前来救援，不料亦被日军的火铳射杀，牺牲在大海之上。

老将军虽然阵亡了，但此战明军大败日寇，击沉其战舰四百五十多艘。总兵陈璘听到邓子龙身先士卒，殒命海上，痛哭不止。援朝大军归国后，朝廷赐邓子龙诰敕，大加褒奖；朝鲜也兴建了邓子龙庙，让后人祭拜。

综观邓子龙的一生，他为人坦荡，勇猛忠诚，心中常怀家国天下之大义，实在值得被后人铭记！

邓子龙
生平简表

●◎嘉靖十年（1531）

生于江西省南昌府丰城县四坊长宁乡落星桥。

●◎嘉靖十一年至三十七年（1532—1558）

习诗文、拳法、兵书，以堪舆为业，从状元罗洪先游江西诸山，至嘉靖三十七年，中武举，当年领兵破樟树镇贼寇。

●◎嘉靖三十八年至万历二年（1559—1574）

于闽广一带征剿沿海倭寇，肃清海盗吴平、曾一本，并破惠州山贼。

● ◎ 万历五年（1577）

建铜鼓石守备营，并剿灭当地土匪李大鸾、杨青山等。

● ◎ 万历八年（1580）

因江西巡按陈世宝弹劾，夺职返回江西，作《阵法直指》。

● ◎ 万历九年（1581）

复职，平定贵州五开之乱。

● ◎ 万历十一年（1583）

升任永昌参将，四月进驻云南，抵御缅甸入侵，并连破缅军于姚关和湾甸。

● ◎ 万历十二年至万历二十一年（1584—1593）

驻守云南，长期与缅甸作战，接连数次大破缅军。二十一年，遭云南巡按御史冯应凤弹劾，放归原籍。

十月十二日赴朝鲜顺天海面，与岛津义弘水师大战于露梁津海峡。十九日凌晨，壮烈牺牲，享年六十八。十二月，明廷赐诰敕，褒美有加。